PRINCIPIOS
Y PODER
DE LA
SABIDURÍA

PRINCIPIOS Y PODER DE LA SABIDURÍA

UNA GUÍA PARA EL ÉXITO

DALE C. BRONNER

WHITAKER
HOUSE
Español

RECONOCIMIENTOS

Juan de Salisbury escribió: "Bernardo de Chartres nos comparó con enanos encaramados sobre los hombros de gigantes. Él dijo que vemos más, y más allá que nuestros antecesores, no porque tengamos una visión más aguda o una estatura más alta, sino porque somos levantados en alto y llevados en alto sobre su gigantesca estatura". Así que yo comparto los sentimientos de Sir Isaac Newton quien, aparentemente inspirado por estas palabras, dijo: "Si yo he visto más allá, es porque logré pararme sobre hombros de gigantes".

Estoy profundamente agradecido por los gigantes en mi vida, quienes me han ayudado a ver más allá, y me han impartido su sabiduría, aliento y apoyo durante los años. Mi padre, el Dr. Nathaniel Hawthorne Bronner, Sr., estuvo entre los primeros de esos gigantes. Él fue el hombre más sabio que yo conocí. Sus palabras de sabiduría con respecto a la vida, el dinero, los negocios, la salud, las personas y la espiritualidad todavía hacen eco en mi corazón. Estoy eternamente agradecido también por la sabiduría que mi divina madre me impartió. Recuerdo haberle dicho una vez: "Si tú no logras llegar al cielo, nadie logrará llegar".

Durante todos estos años, he tenido demasiados maestros y mentores grandiosos como para mencionarlos aquí, pero ellos tienen un lugar especial de honor y amor en mi corazón.

Estoy también profundamente agradecido al maravilloso equipo de personas en Whitaker House, quienes me han ayudado a convertir este libro en realidad.

Por último, y de suprema importancia, estoy agradecido por todo lo que el Espíritu Santo ha compartido conmigo durante los años. Él es el Anciano de Días que me recuerda que la sabiduría de las edades es mejor que el conocimiento del momento.

—*Dale Carnegie Bronner*

TABLA DE CONTENIDO

Prólogo por John C. Maxwell 9

Prefacio: Un Legado de Sabiduría 11

Introducción: Ganar con Sabiduría 14

PARTE UNO: LA VIDA CON SABIDURÍA

1. Sabiduría Ante Todo 22

2. La Sabiduría nos Conduce a Nuestro Propósito 31

3. La Sabiduría Confía en el Viaje...46

PARTE DOS: LA SABIDURÍA FORTALECE NUESTRA POSICIÓN

4. La Sabiduría Planifica con Antelación.......................................56

5. La Sabiduría Crea Hábitos Ganadores, Parte 1
   El Poder del Hábito 70

6. La Sabiduría Crea Hábitos Ganadores, Parte 2
   Prácticas Positivas para el Éxito 81

7. La Sabiduría Desarrolla Relaciones Clave, Parte 1
   El Poder de la Influencia..94

8. La Sabiduría Desarrolla Relaciones Clave, Parte 2
   Cultivar Influencias en la Vida 102

9. La Sabiduría le Enseña Sentido a su Dinero, Parte 1
   Un Ambiente para el Crecimiento y la Abundancia.................111

10. La Sabiduría le Enseña Sentido a su Dinero, Parte 2
    Estrategias Financieras Probadas.................................. 118

PARTE TRES: LA SABIDURÍA DESAPARECE LOS OBSTÁCULOS

11. La Sabiduría Evita la Postergación................................ 134

12. La Sabiduría le da Balance a la Vida............................ 150

13. La Sabiduría es Contentamiento................................ 164

14. La Sabiduría Libera lo Negativo y Promueve lo Positivo 177

PARTE CUATRO: LA SABIDURÍA TERMINA BIEN

15. La Sabiduría Transforma los Sueños en Realidad.................... 190

16. La Sabiduría Deja un Legado 203

Siga Buscando Sabiduría 215

Utilice todas las Fuentes de Sabiduría 218

Acerca del Autor 223

PRÓLOGO

Hace muchos años, un amigo me preguntó si yo tenía un plan de crecimiento personal. En ese momento, yo no sabía que eso era algo que las personas diseñaban para ellos mismos. ¿Se suponía que formuláramos un *plan* para nuestro desarrollo personal? El crecimiento personal, ¿no sucedía espontáneamente según transcurría nuestra vida? ¿No madurábamos automáticamente con la experiencia y la edad?

La pregunta de mi amigo me ubicó en una nueva ruta en mi vida. Me di cuenta de que necesitaba ser intencional al respecto. Desde ese momento he sido un estudiante ávido de desarrollo personal. Me he beneficiado en un sinnúmero de maneras, de diseñar y seguir mi propio plan de crecimiento. Pero también he visto cómo tener un sentido de propósito sobre el crecimiento ha transformado las vidas de miles de personas a quienes he tenido el privilegio de enseñar principios de vida y liderazgo, que he aprendido y refinado durante los años. He observado cómo su esfera de acción e influencia se han expandido, y cómo se ha realizado su potencial y ha fructificado.

Enfocarnos intencionalmente en el desarrollo personal y profesional nos capacita para descubrir nuestro verdadero propósito en la vida. Para refinar nuestros dones y habilidades. Para ver nuestros sueños convertirse en realidad. Para cumplir nuestros planes y metas. Para desarrollar nuestra habilidad de liderazgo. Para vivir con una mayor integridad interna. Lo que es más, a medida que nos enfocamos en mejorar nuestras propias vidas, influenciamos naturalmente a las personas y los ambientes a nuestro alrededor. Crecemos a partir de nuestras conexiones e interacciones con otros, y aprendemos cómo construir juntos una mejor vida.

Principios y Poder de la Sabiduría: Una Guía para el Éxito, escrito por mi amigo Dale Bronner, presenta un plan de crecimiento personal y profesional de amplio alcance en un solo volumen, basado en la sabiduría como el fundamento de nuestras vidas. ¿Y qué mejor fundamento para el desarrollo personal podemos tener que uno construido sobre la sabiduría probada por el tiempo, aplicada a todas las áreas de la vida? Este libro está lleno de principios e introspectivas para desarrollar su potencial completo. Es el producto de décadas de experiencia personal de Dale Bronner, de sus estudios con propósito, y de su aplicación de lo que hace nuestras vidas exitosas, significativas, y prósperas.

He conocido a Dale y a su esposa, Nina, durante muchos años. Dale sirve en la junta de directores de mi organización sin fines de lucro, EQUIP, que adiestra y moviliza a líderes cristianos para impactar familias, organizaciones, comunidades, y naciones alrededor del mundo. Hemos pasado juntos mucho tiempo, y yo sé que él vive los principios ofrecidos en este libro.

Para mí no hay meta más significativa que ayudar a las personas a entender su propósito y su potencial. No importa cuál sea su trasfondo personal o profesional, *Principios y Poder de la Sabiduría* le guiará hacia los beneficios de una vida sabia y exitosa, ya que Dale discute temas como propósito, visión, proceso, planificación, hábitos, relaciones, mentoría, finanzas, actitudes, balance, resiliencia después del fracaso, y dejar un legado fuerte. Él concluye con directrices para continuar buscando y aplicando la sabiduría como una búsqueda para toda la vida, con todos los recursos disponibles para nosotros.

Usted puede llevar una vida exitosa y plena mientras hace una diferencia en las vidas de todos aquellos que le rodean. Pero sí necesita tener propósito al respecto; usted sí necesita un plan claro. Dale Bronner le ha provisto un fundamento sólido para ese plan en *Principios y Poder de la Sabiduría*. Absórbalo. Sígalo. Permita que le lleve a las más grandes alturas. Este libro le capacitará a liberar la plenitud de su potencial a través de los beneficios y el poder de una vida con sabiduría.

—*John C. Maxwell*
Autor de éxitos de ventas del *New York Times* y orador

PREFACIO:
UN LEGADO DE SABIDURÍA

Siempre he sentido un amor inmenso por la sabiduría, y me han atraído los principios de la sabiduría. A temprana edad, mis padres me enseñaron el valor de la sabiduría, y esa perspectiva nunca me ha fallado en los buenos tiempos o en los difíciles. Mi padre, el señor Nathaniel Hawthorne Bronner Sr., junto con su hermano, levantó desde cero un negocio multimillonario: Bronner Brothers. Pero los poderosos principios que nos transmitió a mis cinco hermanos y a mí no eran solamente secretos de negocios. Eran secretos de sabiduría para el éxito en todas las áreas de la vida. Me enseñaron principios como los siguientes:

+ El éxito ocurre cuando la preparación se encuentra con la oportunidad.

+ Usted tiene un solo cuerpo, y un hombre dará todo su dinero para recuperar la salud, así que conserve su salud.

+ Su criterio no es mejor que su información.

+ No hay éxito que pueda compensar el fracaso en el hogar.

+ Después de obtener su diploma, tómelo y láncelo a la basura, enróllese las mangas, y póngase a trabajar.

+ Los nervios se tornan muy sensitivos cuando se afecta el bolsillo.

+ No hay disciplina como la disciplina de la dificultad.

- *"Sean gratos los dichos de mi boca y la meditación de mi corazón delante de ti, Oh Jehová, roca mía, y redentor mío".* (Salmos 19:14)

Este trasfondo de principios de la sabiduría me dio un fundamento sólido desde el cual recopilar sabiduría de mis propias experiencias de vida (tanto positivas como negativas); de las experiencias de familiares, amigos y mentores; de toda mi vida de estudio de la Biblia; y de los pensamientos y escritos de individuos notables a lo largo de la historia humana, algunos a quienes cito en este libro.

Debido a que mi familia era dueña de una empresa, crecí en el mundo de los negocios, y aparentemente quise comenzar temprano a aprender los principios de los negocios. Mi primer empleo, que empecé a los cinco años de edad, fue repartir el periódico *The Atlanta Daily World.* Cuando tenía doce años, procesaba la nómina para el negocio de mi padre. Con el paso de los años recorrí varios puestos de trabajo dentro de la empresa, incluidos los de empleado de almacén, cajero minorista, vendedor, contador, director de compras, y gerente de sistemas de información. En la actualidad soy copropietario de la empresa, y sirvo en la junta de directores.

También he estado involucrado en el ministerio semanalmente desde que tenía catorce años. Esto corresponde al legado de fe de nuestra familia y de devolver a los demás, como se refleja en la Declaración de Misión de Bronner Brothers bajo el epígrafe "Nuestra Comunidad": "Devolveremos a la comunidad en la forma de aportaciones caritativas, donaciones, apoyo moral, y mediante el desarrollo de otros empresarios. Entendemos que esta búsqueda de excelencia es un viaje que haremos incesantemente".

Cuando tenía dieciséis años ministraba mensualmente en una prisión grande y en cuatro hogares locales para convalecientes. Fui llamado a mi primer pastorado a los veintisiete años de edad, y dos años después fundé *Word of Faith Family Worship Cathedral,* un ministerio interdenominacional que actualmente tiene más de veinte mil miembros. Soy, además, el obispo de una red de dieciséis mil iglesias.

Hoy día sigo teniendo diversos roles en la vida, incluidos el de hombre de negocios, obispo, líder cívico, esposo y padre. He pasado por varios momentos desafiantes, y he enfrentado muchos tiempos difíciles, al igual que otros alegres y satisfactorios. A la vez que abordaba las exigencias y las oportunidades de la gerencia, el crecimiento personal y la realización personal, he probado y aplicado muchos principios de sabiduría. Estoy agradecido porque durante este proceso, y como resultado de él, he sido capaz de ayudar a miles de personas a aprender a descubrir sus máximas capacidades, comunicando estos principios de sabiduría como conferencista, maestro de liderazgo, pastor y mentor.

En *Principios y Poder de la Sabiduría* comparto principios clave fundamentales del tesoro de sabiduría que he recopilado durante más de cuarenta años. Tengo pasión por desarrollar el potencial de líderes y de otras personas de todos los caminos de la vida, y motivarles para que sean exitosos en el siguiente nivel. Me enfoco en estrategias prácticas y técnicas probadas para encontrar y cumplir el propósito, para edificar relaciones, para resolver problemas, para la creatividad, para pasar de las ideas a la implementación, y para dejar un legado.

Nunca "llegamos" cuando se trata de la sabiduría. Crecer en sabiduría es un proceso que continúa en mi vida hoy, y lo hará durante el resto de mi tiempo en esta tierra. Eso se debe a que la sabiduría es un viaje, no un destino. Nos beneficiamos de toda la sabiduría que acumulamos y aplicamos durante cada década de vida. Ralph Waldo Emerson dijo: "Los años enseñan mucho que los días nunca supieron". La sabiduría que obtenemos hoy tiene una aplicación inmediata, pero también puede y debe ser almacenada en nuestras mentes y corazones para su uso futuro. Igual que los padres amorosos forman a sus hijos cuando son pequeños, y les proveen instrucción y precaución para lo que se encontrarán más adelante en la vida, los principios de la sabiduría nos guían para el viaje del presente, y también nos preparan para mucho éxito y realización en el futuro.

INTRODUCCIÓN:
GANAR CON SABIDURÍA

John Naisbitt, autor del exitoso libro *Megatrends* (Megatendencias), escribió en 1982: "Nos ahogamos en información, pero padecemos hambre de conocimiento". Hay mucha verdad en esa afirmación, pero creo que hoy día la realidad ha cambiado:

> Devoramos información y consumimos conocimiento, pero padecemos hambre de *sabiduría.*

El escritor T. S. Eliot expresó una idea similar: "¿Dónde está la sabiduría que hemos perdido en el conocimiento? ¿Dónde está el conocimiento que hemos perdido en la información?".

Tenemos un acceso sin precedentes a la información y al conocimiento, pero muchos problemas nos siguen afligiendo personalmente y corporativamente, porque nos hemos privado del componente crucial de la sabiduría, con todos sus beneficios.

UN PROBLEMA DE SABIDURÍA

Es ampliamente reconocido que hay una crisis de liderazgo en nuestro mundo. Pero en realidad no tenemos un problema de liderazgo; tenemos un problema de sabiduría.

Muchos países, negocios y familias batallan con finanzas poco sólidas. Pero realmente no tienen un problema financiero; tienen un problema de sabiduría.

Cada día, hay personas que sufren relaciones tensas o rotas con familiares, compañeros de trabajo, vecinos, compañeros de clase, y otros. Pero en realidad no tienen un problema de relaciones; tienen un problema de sabiduría.

De hecho, podemos rastrear el origen de cada problema contemporáneo hasta una falta de sabiduría. En cierto modo, en la emoción y la conveniencia de nuestra Era de la Información, hemos perdido de vista este elemento esencial de la vida. Nos beneficiamos de las innumerables innovaciones y los avances que se han desarrollado desde el conocimiento humano y la ingenuidad. La información y la creatividad abundan. Sin embargo, no se promueve mucha sabiduría verdadera en conjunto con su uso. El mundo está lleno de personas inteligentes y con educación formal, pero desafortunadamente, hay relativamente pocas personas sabias. Hace más de ciento cincuenta años atrás, el escritor y filósofo Thoreau advertía: "Nuestras invenciones son [aptas] para ser juguetes bonitos, que distraen nuestra atención de las cosas serias. No son otra cosa sino medios mejorados hacia un fin no mejorado, un fin al que fue demasiado fácil llegar".[1]

Podríamos estar revelando los grandes secretos del universo, pero cuando los revelamos, con frecuencia no sabemos qué hacer con ellos, o los utilizamos de un modo contraproducente. Muchas cosas que la humanidad ha descubierto o ha concebido han terminado volviéndose contra nosotros. Isaac Asimov dijo: "El aspecto más triste de la vida en este momento es que la ciencia reúne conocimiento más rápidamente de lo que la sociedad reúne sabiduría".

Por consiguiente, en América y en muchos otros países, tenemos personas que son físicamente fuertes, pero de voluntad débil. Tenemos niños utilizando tecnología superior, pero recibiendo una educación inferior. Tenemos leyes que son legalmente correctas, pero moralmente incorrectas. Tenemos comida abundante, pero con menos valor nutricional. Tenemos casas ricas, pero familias relacionalmente pobres. Tenemos mayor cantidad,

---

1. Henry David Thoreau, *Walden*. Empire Books (July 21, 2017).

pero menor calidad. Tenemos más posesiones, pero menos contentamiento. Estas condiciones inquietantes nos dicen que necesitamos urgentemente la influencia de la sabiduría en nuestras vidas, nuestras familias, nuestras comunidades, nuestras escuelas, nuestros negocios, nuestros cuerpos de gobierno, y nuestras naciones.

> "LA ÚNICA MEDICINA PARA EL SUFRIMIENTO,
> EL CRIMEN, Y TODOS LOS OTROS MALES DE LA
> HUMANIDAD ES LA SABIDURÍA".
> —THOMAS HUXLEY

LA SABIDURÍA ES PARA TODOS

¿Cómo podemos obtener la sabiduría que necesitamos? El mundo está lleno de sabiduría para que la reunamos, y está disponible para cualquiera; tan solo necesitamos descubrirla y aplicarla. Cierta información y conocimiento están dirigidos hacia personas en campos particulares, pero el espectro general de la sabiduría está totalmente abierto para que todos reciban sus beneficios. La capacidad de acceder y obtener sabiduría trasciende cultura, estado socioeconómico, edad, raza, vocación, y cualquier otra categoría. Le garantizo que si usted busca, aprende y aplica la sabiduría, cambiará su vida para lo mejor.

Y la sabiduría es un recurso que nunca se agota. Permanece con nosotros durante toda nuestra vida como un don continuo. Sigue trabajando para nosotros aún después que nuestros padres, abuelos, maestros, y otros cuyos consejos atesoramos se han mudado a otro lugar o han fallecido. Quienes nos han dado enseñanza sabia a lo largo de los años, ya sea personalmente o mediante libros, medios electrónicos u otras fuentes, han provisto un legado maravilloso para nosotros. Y aunque aún no hayamos aplicado la sabiduría que ellos impartieron, podemos comprometernos a hacerlo comenzando ahora; no solo ayudándonos a nosotros mismos a crecer y tener éxito, sino capacitándonos para dejar nuestro propio legado de sabiduría para quienes vengan después de nosotros.

LA SABIDURÍA ES UN RECURSO QUE NUNCA SE AGOTA.

LA VIDA CON SABIDURÍA

En *Principios y Poder de la Sabiduría*, he incluido principios clave de la sabiduría que le guiarán hacia los incontables beneficios de la vida con sabiduría. Extraigo varias verdades fundamentales del libro de Proverbios, una obra significativa en el género de la Literatura de Sabiduría. Esta sabiduría se ha conocido desde tiempos antiguos; está probada y demostrada, y es incluso más relevante para nosotros en la actualidad que lo último en tecnología. No es mi deseo ser etéreo con respecto a la sabiduría, sino darle estrategias prácticas de sabiduría que creo que mejorarán y transformarán su vida.

En estas páginas hay capítulos sucintos, pero potentes, sobre temas significativos relacionados con la sabiduría para personas en todos los caminos de la vida, en especial líderes y otros que ocupan posiciones de influencia. Hay principios de sabiduría para darle una base para tomar decisiones, ayudarle a desarrollar hábitos beneficiosos, abordar problemas relacionales de manera constructiva, alentarle a desarrollar actitudes positivas, mostrarle cómo protegerse de dolor y fracaso innecesarios, ayudarle a establecer nuevas prioridades, capacitarle para estabilizar y aumentar sus finanzas, y mostrarle cómo aumentar el valor de lo que usted aporta a otros. Puede construir sobre estos principios al relacionarlos con sus propias experiencias y circunstancias.

Puede que esté interesado en cómo aplicar sabiduría a su carrera o su negocio. Lo está haciendo bien, pero quiere lograr aún más. *Principios y Poder de la Sabiduría* le llevará hasta ese nivel más alto. O quizá su éxito en los negocios no ha estado a la par con el éxito en su vida familiar, o el balance entre trabajo y vida. Usted aprenderá principios que le conducirán a un modo sano de vivir, y a la satisfacción personal. Tal vez se encuentra actualmente en una situación difícil; ha tomado ciertas decisiones sin pensar en las consecuencias, y ahora necesita sabiduría verdadera porque parece que nada está funcionando. Aprenderá verdades para ayudarle a regresar al rumbo correcto.

Todos necesitamos una perspectiva de sabiduría. Nuestra perspectiva, cómo percibimos la realidad, realmente sí determina nuestro resultado. Aquello en lo que usted piensa es por lo general lo que manifestará. Por lo tanto, permítame hacerle una pregunta: "¿Qué ocupa su mente hoy?". ¿Le está moviendo en una dirección positiva, o una negativa? La perspectiva dirigida por la sabiduría nos conduce a una vida que es la más:

+ realizada

+ satisfecha

+ productiva

+ generosa

También nos permite evitar los mayores:

+ errores

+ remordimientos

+ fracasos

+ pérdidas para nosotros y otros

La sabiduría lo sostiene todo.

SEMILLAS DE SABIDURÍA

Ofrezco estos principios de poder como semillas que pueden crecer y florecer cuando usted las recibe y las pone en práctica. No podemos tan solo apreciar perspectivas sabias o admirar la sabiduría de otras personas; también necesitamos descubrir e interiorizar por nosotros mismos un enfoque sabio de la vida. Le aliento a que utilice este libro para evaluar qué está guiando su propia vida actualmente, y hasta qué grado está basando su vida en principios de la sabiduría; si realmente está poniendo en práctica esos principios, y para reordenar su vida según esos principios. Si no toma el tiempo para aplicar la sabiduría, entonces la sabiduría realmente no le sirve de nada. La sabiduría no es tan solo un *saber*; la sabiduría es también un *hacer*. No solo nos da una estructura para nuestras vidas, sino también nos ayuda a entender lo que tenemos que hacer y cómo implementarlo.

En el mundo natural, si usted planta una semilla en buena tierra, esa semilla tiene una oportunidad mejor de crecer y convertirse en una planta sana y floreciente. Sin importar de cuán alta calidad pueda ser la semilla, su éxito tiene mucho que ver con el ambiente en el que está. De modo similar, cuando usted planta una semilla de sabiduría en sus circunstancias, quiere que su vida sea "buena tierra". En el mundo físico, las semillas brotan después que son plantadas, abriéndose camino entre la tierra para florecer como plantas y dar sus beneficios al mundo, como oxígeno para respirar, fruto para comer, y belleza para disfrutar. De la misma manera, la sabiduría producirá muchas cosas beneficiosas en su vida si le proporciona buena tierra en donde germinar.

En definitiva, nosotros determinamos qué tipo de tierra vamos a ser. Quizá usted ha recibido buenas semillas de sabiduría en el pasado, y siente que debería haber producido algún fruto a estas alturas, pero sigue aún tratando con los mismos asuntos y problemas frustrantes. Puede que necesite preparar su vida como buena tierra, estando receptivo a recibir sabiduría, y entonces aplicarla paso a paso.

DEBEMOS DESCUBRIR E INTERIORIZAR POR NOSOTROS MISMOS UN ENFOQUE SABIO DE LA VIDA.

Una vez interiorice cualquier principio de sabiduría y lo aplique, finalmente dará fruto de sabiduría en relación con él. Pero permítame enfatizar que ningún árbol da fruto para alimentarse a sí mismo. Los árboles no comen su propio fruto; dan fruto que alimenta a los seres humanos. De manera similar, el fruto que damos cuando vivimos de acuerdo a la sabiduría no es solamente para nosotros, sino también para otros que tienen necesidad de él y que recibirán sus beneficios. Usted tiene sabiduría sobre un asunto específico, que otra persona que está batallando con ese asunto no la tiene. Por el contrario, el fruto que usted necesita para el alimento de su cuerpo, alma o espíritu con frecuencia llegará de otra persona.

Le aliento a recibir sabiduría para nutrir su propia vida, y luego dar fruto de sabiduría para otros. Estamos intencionados para tener un flujo y un intercambio de sabiduría constantes con quienes nos rodean. He escrito este libro como una contribución a ese intercambio, ofreciendo el fruto de sabiduría que he cosechado tras cuatro décadas de plantar, alimentar y cosechar principios de la sabiduría. Debido a que un fuerte legado de sabiduría ha marcado una diferencia tremenda en mi vida, es mi deseo transmitir esos principios de la sabiduría a quienes viven en el complejo mundo actual, y a futuras generaciones.

NUTRA SU VIDA DE SABIDURÍA, Y LUEGO COMPARTA SU FRUTO CON LOS DEMÁS.

He oído que algunas familias asiáticas enseñan a sus hijos perlas de sabiduría, y después lo siguen dándoles una cucharada de miel. De este modo, crean la connotación de que la sabiduría es deseable y beneficiosa. Eso alienta a los niños a interiorizar la sabiduría y seguir en su búsqueda. Reconozcamos de igual manera el valor de la sabiduría, y busquemos internalizar principios de sabiduría para la búsqueda y la aplicación continuas de una vida dirigida por la sabiduría.

PARTE 1
LA VIDA CON SABIDURÍA

1

SABIDURÍA ANTE TODO

"Sabiduría ante todo; adquiere sabiduría;
Y sobre todas tus posesiones adquiere inteligencia".[2]

Un columnista de la revista *Forbes* escribió un artículo titulado "Las ocho cosas principales que la gente desea desesperadamente, pero no parece poder lograr", basándose en las respuestas de un sondeo a sus suscriptores y la comunidad. Esas ocho cosas eran: (1) felicidad, (2) dinero, (3) libertad, (4) paz, (5) alegría, (6) equilibrio, (7) satisfacción, y (8) confianza.[3]

Todos deseamos cosas para hacer nuestras vidas sean más satisfactorias y prósperas. A veces, alcanzar esos deseos puede ser esquivo. Ese fue sin duda el caso de quienes participaron en el anterior sondeo. Pero ¿y si le dieran a usted la oportunidad de tener cualquier cosa que deseara en la vida? ¿Qué pediría?

Dios le dio precisamente esa oportunidad a un rey recién coronado en tiempos antiguos. Podríamos pensar que él habría pedido una vida larga, honra, riquezas, o la destrucción de sus enemigos. Eso habría sido el pensamiento convencional sobre cómo un nuevo monarca podría afianzar y ampliar inmediatamente su reinado. Pero en cambio, él pidió algo que le

---

2. Proverbios 4:7.
3. Kathy Caprino, "The Top 8 Things People Desperately Desire but Can't Seem to Attain", *Forbes*, 24 de mayo de 2016.

capacitaría para obtener todo lo demás que necesitaría en la vida. Una versión de esta historia dice que él pidió *"sabiduría y el conocimiento".*[4] Otra dice que pidió *"un corazón entendido"*[5] o *"un corazón con discernimiento".*[6] Todas ellas son la misma petición con expresiones ligeramente diferentes.

El principal deseo de este rey era tener la habilidad para gobernar a su pueblo juiciosamente. Necesitaba ser capaz de distinguir el bien y el mal, lo correcto y lo incorrecto, incluso en circunstancias en que fuera difícil distinguir entre ambas cosas. Para eso necesitaba *sabiduría*. Todo lo demás caería en su lugar.

Debido a esta respuesta humilde, se otorgó al rey no solo sabiduría, sino también riqueza y renombre. Pero fue un corazón que buscaba sabiduría lo que le condujo hasta ese lugar.

El nombre de aquel joven gobernador era el rey Salomón, el hombre más sabio que haya vivido jamás.

¿Qué impulsó a Salomón, en la cumbre de su poder recién hallado, a pedir sabiduría y discernimiento? Salomón había interiorizado el consejo que su padre, el rey David, le había enseñado desde que era un niño:

Adquiere sabiduría, adquiere inteligencia... sabiduría ante todo; adquiere sabiduría; y sobre todas tus posesiones adquiere inteligencia. Engrandécela, y ella te engrandecerá; ella te honrará, cuando tú la hayas abrazado.[7]

En esencia, Salomón pidió la capacidad de discernir con respecto a sí mismo, a otras personas y al mundo que le rodeaba, para así poder tomar las mejores decisiones y llevar a cabo las mejores estrategias y planes en la vida. Un anhelo de sabiduría llenaba sus pensamientos, e influenciaba su estilo de vida. Eso es lo que todos nosotros necesitamos. Todo lo demás saldrá adelante si priorizamos esto que es "ante todo".

NUESTRO RECURSO MÁS IMPORTANTE

La respuesta de Salomón a la pregunta trascendental que se le presentó me recuerda las listas de "principales características" que se encuentran en

4. 2 Crónicas 1:10.
5. 1 Reyes 3:9.
6. 1 Reyes 3:9 (NVI).
7. Proverbios 4:5-8.

muchos libros y artículos sobre liderazgo. A continuación hay una lista de algunas de esas características:

Orientado hacia resultados	Inspira a los demás
Visionario	Jugador de equipo
Tiene una estrategia clara	Practica la disciplina
Delega	Prioriza
Resuelve conflictos	Desarrolla al equipo
Decidido	Confianza en sí mismo
Fiable	Comprometido
Honesto	Creativo
Comunica bien	Cultiva habilidades
Responsable	Innova
Optimista	Capaz de adaptarse y cambiar

Todas ellas son características significativas. Pero para los líderes y las personas en todos los ámbitos de la vida, "ejerce la sabiduría" es la mayor característica. La sabiduría es mejor que dinero, poder, capacidad, hechos, conocimiento, visión o bienes físicos, porque es un manantial de dirección y de respuestas. Con frecuencia, un principio de sabiduría no nos da una sola respuesta a una pregunta, sino que puede aplicarse en muchos contextos.

SU OBSERVAR DETERMINA SU ACCIONAR.

Se ha dicho que la principal diferencia entre "ganadores" y "perdedores" es su perspectiva. La mejor posibilidad para el verdadero éxito en cualquier área o ámbito, ya sea en los negocios, el gobierno, la comunidad, la beneficencia, la educación, la iglesia, la familia o la vida personal, es desarrollar una perspectiva que mejore, se amplíe, y nos lleve más allá de lo que aportamos ya a la mesa. Esa perspectiva única es una perspectiva dirigida por la sabiduría. *Principios y Poder de la Sabiduría* fue escrito para destacar esta clave del éxito personal, relacional y profesional que con tanta frecuencia se pasa por alto en la actualidad. Una perspectiva dirigida por la sabiduría nos da la habilidad de abordar con astucia los asuntos de la vida, y lograr el éxito que Dios quiere que tengamos.

SUSTITUTOS DE LA SABIDURÍA

La mayoría de las personas piensan en la sabiduría (si es que piensan mucho al respecto) como el equivalente de conocimiento. Otros piensan en ella como un aspecto de sus emociones o su intuición, o como cierto tipo de "sexto sentido" acerca de cómo conducir sus vidas. Debido a estas mentalidades, utilizan su conocimiento y sus emociones como sustitutos de la sabiduría, en lugar de como complementos para ella, sin darse cuenta de que están obstaculizando su potencial, eficacia y realización en la vida.

SUSTITUIR SABIDURÍA POR CONOCIMIENTO

Un hombre en Boston era el anfitrión de un amigo que era un erudito y filósofo chino. Se encontró con su amigo en la estación de trenes, y después lo llevó apresuradamente al metro. Mientras recorrían la estación del metro, el hombre le dijo a su invitado: "Si corremos… y agarramos el siguiente tren… podemos ahorrarnos tres minutos…". El filósofo chino respondió: "¿Y qué cosas importantes haremos con esos tres minutos que estaremos ahorrando?".

En muchos aspectos, parece que constantemente intentamos ahorrarnos "tres minutos" en un intento de mejorar radicalmente nuestras vidas. Y saber que tenemos una inmensidad de información y conocimiento solo con pulsar el ratón de una computadora, o tocar la pantalla de un teléfono inteligente nos hace sentir seguros de que podemos encontrar las respuestas que buscamos, y las claves para vivir mejor. Sin embargo, el conocimiento es sencillamente hechos e información, mientras que la sabiduría es saber hacer lo mejor con la información que tenemos. Es hacer la aplicación correcta de nuestro conocimiento para obtener los mayores beneficios y eficacia. Podemos recopilar multitud de datos y obtener tanta información como queramos, pero esas cosas no nos ayudarán a solucionar los problemas de la vida si no sabemos qué es lo correcto que debemos hacer, o cuál es el siguiente paso que debemos dar.

Con frecuencia se piensa en la sabiduría como algo etéreo e intangible, pero lo que yo aprecio más sobre la sabiduría es su *completo sentido práctico*. La sabiduría nos permite asimilar información, entender cómo funcionan varios elementos en relación unos con otros, y poner en práctica nuestro conocimiento. *Sabiduría* es una palabra de acción, sabe *qué* hacer, *cuándo* hacerlo y *cómo* hacerlo, y va y lo *hace*. La sabiduría hace el trabajo completo.

La mayoría de las personas buscan conocimiento y sabiduría, y después no pueden entender por qué no les va bien, o por qué no pueden pasar a la siguiente etapa de crecimiento en sus negocios, finanzas o relaciones. Solo cuando entendemos y aplicamos la sabiduría correspondiente a nuestro conocimiento, podemos ser libres de ciclos frustrantes que nos han mantenido dando vueltas sin avanzar. La sabiduría nos permite avanzar hacia nuevos niveles.

Muchos de nosotros tenemos preguntas como las siguientes:

+ ¿Cómo puedo conocer mi verdadero propósito en la vida?

+ ¿Cómo puedo ser un mejor líder?

+ ¿Cuál es el paso siguiente para mi negocio?

+ ¿Cómo puedo ayudar a mi organización a crecer?

+ ¿Debería entrenarme para un empleo o vocación diferente?

+ ¿Cómo debería tratar este problema de relaciones?

+ ¿Cómo puedo vivir una vida más equilibrada?

+ ¿Cómo puedo ayudar a mis hijos a prepararse para un futuro incierto?

Todas ellas son preguntas que requieren sabiduría, y no tan solo conocimiento, para responderlas. Esto no significa que la información y el conocimiento no sean necesarios, pero sencillamente no son suficientes. "Conocimiento es poder", dice la frase. Sin embargo, la sabiduría es el verdadero poder porque, una vez más, nos dice cómo utilizar el conocimiento que hemos obtenido para lograr el mayor efecto.

SUSTITUIR LA SABIDURÍA CON EMOCIONES

El segundo enfoque de la vida que siguen muchas personas es operar principalmente según sus emociones, en lugar de dar un paso atrás para discernir cuál es el mejor camino a tomar. En este caso, el conocimiento, y también la sabiduría, por lo general ocupan el asiento trasero. Puede que algunas personas utilicen sabiduría en cierta área de su vida, mientras se descarrilan en otras a causa de sus emociones. Motivadores como temor, culpa y deseo tienen una fuerte influencia. El temor puede hacer que pospongamos perseguir una buena oportunidad. La culpa no resuelta puede hacer que nos sintamos indignos del éxito o de tener relaciones saludables. La emocionante posibilidad de un nuevo trato de negocios puede apresurarnos a una asociación sin antes considerar todas las implicaciones.

SABIDURÍA ES UNA PALABRA DE ACCIÓN, SABE *QUÉ* HACER, *CUÁNDO* HACERLO Y *CÓMO* HACERLO, Y VA Y LO *HACE*.

Cuando perdemos de vista el valor de la sabiduría, aun cuando nunca hemos entendido su valor, pasamos por alto la fuente principal de principios para mejorar nuestras vidas, nuestras familias, nuestras relaciones y nuestras vocaciones. Nos perdemos una riqueza de ayuda práctica para vivir, trabajar y relacionarnos con los demás. La sabiduría nos revela un panorama más profundo de las cosas. Nos permite tener una vida que tenga propósito y sea satisfactoria a la vez que exitosa, utilizando las aportaciones de nuestro conocimiento y de nuestras emociones sanas, a la vez que las mantenemos en equilibrio.

EDIFICAR CONOCIMIENTO, ENTENDIMIENTO Y SABIDURÍA

Cuando el rey David le dio su consejo a Salomón, dijo: *"Sabiduría ante todo; adquiere sabiduría; y sobre todas tus posesiones adquiere inteligencia"*. ¿Cómo "adquirimos sabiduría" para aplicarla a nuestras vidas? Para empezar, debemos reconocer que el conocimiento, el entendimiento y la sabiduría están relacionados como tres pasos secuenciales.

El primer paso es obtener conocimiento. Acumulamos hechos e información.

El segundo paso es desarrollar entendimiento. Asimilamos los hechos, y percibimos cómo los diversos hechos e informaciones se corresponden unos con otros. Entender es discernir, comprender e interpretar. Muy pocas personas dan intencionadamente este paso, de modo que se quedan en el nivel de conocimiento. Pero a medida que reunimos información, deberíamos comenzar a integrar esos datos y considerar sus implicaciones. El conocimiento puede ayudarnos a apartar cosas y entenderlas, pero la sabiduría nos permite relacionar conocimiento y verdad con la vida cotidiana.

El tercer paso es vivir en sabiduría. Damos un uso activo a nuestro conocimiento y entendimiento. Como describí anteriormente, sabiduría es saber *qué* hacer, cómo hacerlo, y después ir a hacerlo. La sabiduría es la capacidad de incrementar nuestra habilidad. Muchas personas saben qué hacer, pero no saben cómo hacerlo. La sabiduría implica el saber cómo. La sabiduría es más profunda que el conocimiento porque la sabiduría es como la sabiduría hace.

Necesitamos discernimiento a fin de entender de qué se trata verdaderamente la vida, combinada con la motivación y la disciplina para vivir la vida sabiamente. Por ejemplo, puede que usted tenga talento, pero no lo esté utilizando de la mejor manera. Quizá tenga conocimiento, pero no lo está aplicando del modo más efectivo. Puede que tenga una idea con un potencial tremendo, pero no sepa cómo desarrollarla. Quizá tenga mucho amor para dar, pero lo está invirtiendo en relaciones poco sanas. La sabiduría, la combinación de conocimiento, entendimiento y acción, produce una estrategia, y una estrategia produce éxito.

¿EN QUÉ ESTÁ BASANDO SU VIDA?

En la actualidad, pocas personas se hacen la pregunta: "¿Estoy viviendo mi vida con sabiduría?". Si se les presentara la misma oferta que se le hizo a Salomón, no pedirían sabiduría porque no reconocen su valor supremo. Cometemos muchos errores innecesarios y creamos muchos problemas para nosotros mismos al no detenernos a considerar cuál sería la decisión más sabia o el curso de acción más astuto, para nuestras circunstancias actuales y para el futuro. Piense en algunos de los errores que ha cometido en el pasado. ¿No desearía haber sido más sabio en ese momento, o haber actuado según el mejor camino que conocía? Al aprender y aplicar principios de la sabiduría y al desarrollar un estilo de vida de seguir la sabiduría, podemos evitar muchos errores y tropiezos.

LA SABIDURÍA PRODUCE UNA ESTRATEGIA, Y UNA ESTRATEGIA PRODUCE ÉXITO.

¿Podría ser que haya estado intentando sostenerse tan solo sobre información y emociones? Puede que nunca antes haya considerado el papel vital que desempeña la sabiduría en su vida. O quizá ya tiene un buen entendimiento de los principios de la sabiduría, y tenía todas las buenas intenciones de vivir según esos principios, pero se ha desviado debido al ajetreo, el estrés y las distracciones de la vida. Es más fácil vivir en piloto automático que detenerse a considerar lo que en realidad está dirigiendo nuestras vidas, en especial cuando no recibimos mucho refuerzo del mundo que nos rodea, en cuanto a vivir sabiamente. La actitud general en nuestra sociedad es buscar arreglos rápidos, no necesariamente las soluciones mejores, las más fuertes o las más duraderas. Pero la sabiduría es como una viga de carga en una casa. No podemos quitarla o debilitarla sin poner en peligro toda la estructura. En *Principios y Poder de la Sabiduría* aprenderá a establecer la sabiduría como una estructura sólida para su vida, a medida que exploramos cómo...

- La sabiduría nos muestra la mejor manera de vivir.
- La sabiduría nos ayuda a saber el siguiente paso que debemos dar.
- La sabiduría produce paz, perspectiva, y nuevas oportunidades.
- La sabiduría puede aplicarse a cada ámbito de nuestras vidas.

+ La sabiduría no es tan solo para recibirla para nosotros, sino también para compartirla con otros.

La sabiduría es como un consejero de confianza que nos guía a tomar las mejores decisiones, advirtiéndonos contra cometer errores y fracasos, y permitiéndonos repasar nuestro progreso y hacer buenos planes para el futuro.

Sigamos el consejo del rey David: *"Adquiere sabiduría. Adquiere inteligencia"*. Deje a la sabiduría ser su recurso más importante. Deje a la sabiduría ser su fundamento y estructura para la vida. Deje que la sabiduría le muestre la mejor manera de responder en cada situación, y le dirija a lo largo de su vida.

Está *ante todo*.

BENEFICIOS DE UNA VIDA CON SABIDURÍA

+ La sabiduría nos da la habilidad de tratar con astucia los asuntos de la vida.

+ La sabiduría hace la mejor aplicación de nuestro conocimiento e información.

+ La sabiduría nos permite evitar errores y tropiezos.

+ La sabiduría produce una estrategia, y una estrategia produce éxito.

APLICAR LA SABIDURÍA

1. ¿Cuál es el mejor consejo que le han dado jamás? ¿Por qué lo considera el mejor?

2. ¿Lo siguió y aplicó ese consejo? ¿Por qué o por qué no? Si lo hizo, ¿qué diferencia marcó en su vida?

3. ¿Qué está "ante todo" en su vida hoy? ¿Le apoya o le distrae de vivir según la sabiduría?

2

LA SABIDURÍA NOS CONDUCE A NUESTRO PROPÓSITO

"Una carrera es aquello por lo cual somos pagados; un llamado es aquello para lo cual fuimos creados."

He afirmado que la sabiduría nos muestra qué hacer, cuándo hacerlo y cómo hacerlo. El siguiente principio es que esta capacidad o saber-hacer está directamente relacionada con *cumplir* nuestro propósito en la vida. Aquellos cuyas vidas son guiadas por la sabiduría tienen como una de sus metas principales discernir su propósito, y seguirlo con entusiasmo. La razón por la cual muchas personas no son exitosas, o les resulta difícil llegar a elevados niveles de éxito, es que no son conscientes de su verdadero propósito. O si son conscientes de ello, no lo están siguiendo.

DESCUBRIR SU VERDADERO PROPÓSITO

SU DON DOMINANTE

¿Cómo descubrimos, o confirmamos, nuestro verdadero propósito? Nuestro propósito está muy ligado a nuestro *don dominante*. En medio del ritmo apresurado de la vida, a menudo es fácil olvidar que nuestros dones son distintos a nuestras habilidades. Un don es innato, algo que es natural para nosotros, y está unido a nuestra constitución como persona. Una habilidad es algo que hemos aprendido mediante la experiencia práctica, esté o no en consonancia con nuestros dones naturales.

Salomón escribió: *"La dádiva del hombre le ensancha el camino y le lleva delante de los grandes"*.[8] No creo que sea un accidente que Salomón utilizara la palabra "dádiva" en singular. Cada uno de nosotros tiene una dádiva o don único que finalmente nos producirá éxito. Es ahí donde reside nuestra fortaleza. Este don dominante es la clave para nuestra prosperidad; puede influenciar nuestras vidas no solo financieramente, sino también mentalmente, emocionalmente y espiritualmente. Nuestro don principal podría ser un buen sentido para los negocios, habilidad académica, o una capacidad creativa como la escritura, la pintura o el canto. Podría ser un talento deportivo, aptitud científica, o facilidad para organizar personas o eventos. Podría ser la capacidad de mostrar compasión a los demás de maneras tangibles, o saber cómo servir mejor a las personas en un área específica de necesidad.

Su don dominante es lo que le da un lugar distintivo en este mundo, y una manera singular de aportar a él. Se sorprendería de las puertas que pueden abrirse para usted cuando ofrece a los demás el don que Dios le ha dado. Cuando descubra su don y lo siga, el mundo responderá, y hará espacio para usted de maneras que usted jamás hubiera imaginado.

SU DON DOMINANTE ES LA CLAVE PARA SU PROSPERIDAD.

Puede que esté utilizando activamente su don dominante, o tal vez no esté seguro de cuál es ese don. Quizá sea usted el director general de una gran empresa con años de experiencia profesional, o quizá un estudiante universitario que acaba de comenzar. Independientemente de cuál sea su situación, es esencial reconocer su don dominante, y cómo aplicarlo para aprovechar su vida verdaderamente al máximo, y realizar su potencial.

---

8. Proverbios 18:16.

Quizá sigue buscando oportunidades de negocio o estrategias financieras para intentar descubrir lo que le hará ganar más dinero para así finalmente hacer lo que *realmente* quiere hacer. Eso raras veces ayuda. En cambio, necesita enfocarse en su don dominante. Entonces podrá buscar oportunidades financieras que le ayudarán a aplicar el don que Dios ha puesto en su vida.

No hay nada de malo en hacer dinero; de hecho, el don dominante de algunas personas es la capacidad para generar finanzas y recaudar fondos. Sin embargo, con frecuencia he visto a personas desviarse de su propósito a fin de enfocarse exclusivamente en hacer dinero, solamente para experimentar el descenso personal. Hay un deterioro de su entusiasmo por la vida, de su amor por su cónyuge y sus hijos, e incluso de su carácter. No es una caída repentina, sino más bien sucede a lo largo del tiempo. Por ejemplo, algunas personas se engañan pensando que nunca podrán lograr ser una persona de negocios exitosa y *honesta*, de modo que comienzan a hacer cosas que son poco éticas a fin de avanzar. Pero cuando las personas permiten que voces equivocadas y motivaciones equivocadas les influencien, dolor y fracaso entran en sus vidas de diversas formas.

Note que si hemos dado acceso en nuestras vidas a personas que son una influencia negativa, por lo general esas personas no se van voluntariamente. Tenemos que sacarlas de nuestras vidas. La única ocasión en que una mala influencia puede irse voluntariamente es si lo perdemos todo. Entonces, esa persona ya no nos necesita.

Si giramos hacia el rumbo equivocado alejándonos de nuestro propósito, nuestra vida comenzará a ir en descenso. Si giramos hacia el rumbo correcto según nuestro propósito, nuestra vida comenzará a ascender. De Cualquier manera, hay un giro de la mente, la voluntad, las emociones, la imaginación y el corazón. Podemos evitar descensos en nuestra vida manteniendo la búsqueda de nuestro verdadero propósito y dones.

DONES PRINCIPALES Y DONES MÚLTIPLES

La mayoría de las personas tienen más de un don, y algunas personas tienen dones de diversas maneras. Por eso a los individuos con múltiples dones o múltiples talentos les resulta más difícil identificar su don dominante. Aunque con frecuencia necesitamos emplear dones secundarios mientras desempeñamos nuestro don principal, el don primario sigue dirigiendo a los demás. Por lo tanto, aun si usted puede hacer muchas cosas, aprenda a reconocer su principal área de dones. Es posible que su don dominante permanezca latente, y el don que está utilizando principalmente en este momento sea en realidad secundario.

CÓMO IDENTIFICAR SU DON DOMINANTE

DISEÑO, POTENCIAL Y LLAMADO

Su propósito en la vida refleja su diseño y potencial como individuo. Piense en sus habilidades naturales, talentos y deseos. Después hágase la pregunta: "¿Qué me produce la mayor realización y satisfacción personal?". Siga después con esta pregunta crucial: "¿Cómo quiero que me recuerden?". Sus respuestas a estas preguntas con frecuencia revelarán su propósito y sus dones; y la sabiduría le guiará en activarlos.

Voy a repetir la frase que se encuentra al principio de este capítulo: "Una carrera es aquello por lo cual somos pagados; un llamado es aquello para lo cual fuimos creados" (mientras que también provee recursos económicos). La palabra *vocación* proviene de la palabra *vocare*, que significa "llamar". Por lo tanto, una vocación es un estado de llamado, y no solo una elección de carrera profesional. Entender el propósito nos permite entrar en el llamado para el cual fuimos hechos.

Cuando las personas no saben lo que quieren, es un problema de conocimiento insuficiente. Cuando las personas no persiguen lo que quieren, es un problema de motivación. Cuando las personas no logran lo que quieren, con frecuencia es un problema de persistencia. Estos tres asuntos pueden abordarse cuando descubrimos cuál es nuestro don dominante.

Además, cuando conocemos nuestro propósito, se convierte en la principal manera en la cual medimos nuestro éxito o fracaso en la vida. No podemos hacerlo todo, pero podemos hacer todo lo que Dios quiere que hagamos; todo lo que está relacionado con nuestro propósito.

SE TRATA DE QUIÉN ES USTED

Para identificar nuestro don dominante, también debemos reconocer que nuestro don no es fundamentalmente lo que hacemos; en un sentido, es quienes somos: nosotros somos el don, porque sale de nuestro interior. Desde luego, no somos nuestro don en un sentido directo, pero nosotros y nuestro don estamos interconectados de tal manera que los dos no pueden separarse.

Tampoco es nuestro don algo de lo que somos dueños. Usted no posee el don que le abre puertas. Es el don el que le "posee" a usted. Usted no tan solo tiene su don. Su don lo tiene a usted. Quiero enfatizar que no es la idea que tenga otra persona de lo que sería bueno que usted hiciera o siguiera en la vida. Como veremos, otras personas pueden ayudarnos a identificar nuestro don, pero en última instancia nosotros tenemos que afirmarlo. Hágase las preguntas: "¿Es lo que estoy haciendo actualmente con mi vida lo que realmente quiero hacer? ¿Refleja quién soy verdaderamente? ¿Encaja en mi personalidad?". Es necesario cierto tipo de personalidad para ser vendedor, o consejero, o contador, o médico, o un oficial del gobierno, o presidente de una empresa, o cualquier otra vocación o papel. Cuando acceda su propósito y reconozca lo que Dios ha puesto en su interior, entonces comenzará a descubrir cuál es su verdadero llamado. En este sentido, su propósito no es algo que usted elige; es algo que descubre que estaba en su interior todo el tiempo.

USTED NO POSEE EL DON QUE LE ABRE PUERTAS. ES EL DON EL QUE LE "POSEE" A USTED. USTED NO TAN SOLO TIENE SU DON. SU DON LO TIENE A USTED.

ES LO QUE LE HACE COBRAR VIDA EN SU INTERIOR

Debido a que su don es una expresión de quién es usted, cuando ejercita ese don le hace cobrar vida; le hace *sentirse* vivo. Quizá su carrera esté haciendo algo bueno y útil, pero no es algo que le hace sentirse vivo. Usted aceptó el empleo porque es un puesto seguro y tiene beneficios. Demasiadas personas van a la escuela solo para ser formados para trabajar en una carrera profesional o vocación que no es adecuada para ellos. Cuando lo hacen, se sienten molestos tan solo al intentar encajar. Si las personas están trabajando en una situación en la que no quieren estar, por lo general se puede saber por su expresión de tristeza o su actitud negativa. Pero quienes están siguiendo su llamado tienen una visión clara que les llena de emoción.

Me encanta hablar con personas visionarias porque me vigoriza. De su corazón sale entusiasmo; no es algo que la persona se pone encima, sino algo que irradia. Cuando usted encuentra aquello que le hace cobrar vida, saldrá poder de su vida. ¡Descubra lo que le gusta hacer, y hágalo con entusiasmo!

¿Qué le hace cobrar vida? ¿Es cuando está trazando un plan de negocio, supliendo las necesidades de salud de alguien, diseñando edificios, o corriendo una carrera? El llamado único de mi esposa está en la música. Ella me dice que su vida sería muy insípida sin música; sería como vivir en un mundo con tan solo tonos grises y sin color. Hay muchas personas cuyo don dominante es un talento musical, y que están cantando o tocando un instrumento siempre que pueden, y dondequiera que pueden. Aunque estén haciendo sacrificios financieros para hacerlo, no querrían hacer otra cosa porque el don proviene de su interior.

La música no es mi don dominante, de modo que una vida sin música en realidad no me molestaría mucho. En cambio, yo cobro vida cuando enseño y soy mentor de personas en liderazgo. Todos tenemos algo que hace que veamos la vida a pleno color. Si usted hace lo que le causa sentirse vivo, ¡el mundo ciertamente será un lugar bendecido! El mundo se beneficia de personas que han cobrado vida en su propósito, y no de quienes ni siquiera entienden por qué están aquí. Hay demasiadas personas frustradas que viven vidas insatisfechas en una carrera profesional por la que les pagan, en lugar de encontrar su llamado, aquello para lo cual están hechas.

Algunas personas emplean mucho tiempo investigando qué empleos y campos están haciendo contrataciones en este momento, y ese enfoque puede ser útil para encontrar nuestro lugar de aportación al mundo. Sin embargo, si se siente frustrado en su lugar de trabajo o está buscando un nuevo empleo, hágase la pregunta: "¿Qué me gustaría hacer incluso si no me pagaran por ello?". La respuesta a esta pregunta puede señalarle directamente hacia su don dominante. Puede estar seguro en aquello para lo cual fue creado, y en el don dominante que se le ha dado. No tiene que intentar correr la carrera de otra persona.

SE TRATA DE LO QUE LE APASIONA

Usted sabe que está utilizando su don dominante cuando está genuinamente apasionado por lo que hace. ¿Qué es lo que le posee hasta el grado de despertarse en mitad de la noche. y le impulsa a levantarse y trabajar en ello; donde comienzan a llegar ideas a su mente y usted empieza a planear, diseñar o escribir? ¿Qué interrumpe sus patrones de pensamiento en mitad del día, de modo que comienza a pensar en cómo puede ampliar algo o hacer que sea mejor o más fuerte? ¿Qué ve con los ojos de su mente cuando mira a otra cosa? ¿Qué oye que le está "hablando" incluso cuando está conversando con otras personas? Eso es su don, que dice: "¡Dame una manera de expresarme!".

Haga una lista de las cosas que le gusta hacer o desearía poder hacer, cosas que sabe que haría cada día con alegría. Incluya cualquier idea de la que no puede librarse, cosas que están en lo profundo de su corazón y que siempre parecen surgir en sus pensamientos. ¿Qué tienen en común esas cosas? ¿Cómo podrían señalarle hacia su don dominante?

Cuando tenga hecha esa lista, comience a ver las posibilidades de aplicar su don. Investigue un poco en la Internet y en otros lugares. Hable con amigos, familiares y vecinos. Busque a alguien que esté trabajando en ese campo, y hágale preguntas sobre su trabajo y su vida. Reciba información de todos esos recursos para ayudarle a descubrir aquello para lo que está usted hecho en realidad.

Mientras investiga, vea si hay alguna vacante u oportunidad en el área que le apasiona. Algunas personas comienzan a perseguir su sueño haciendo prácticas, o aceptando un empleo a tiempo parcial o un puesto como voluntario en su campo de interés. No permita que el orgullo le impida empezar con poco, y trabajar hacia lo que finalmente quiere.

¿Qué bien le hará desgastarse trabajando sesenta, setenta u ochenta horas por semana en un empleo que aborrece, a fin de ganar dinero, si se siente desgraciado e insatisfecho? Puede que tenga mucho dinero con el cual poder comprar cosas materiales, pero cuantas más cosas obtenga, menos satisfecho estará en su interior. Repito: la verdadera satisfacción resulta de vivir su propósito, y esto viene al entender y utilizar su don. Podría terminar trabajando muchas horas por semana utilizando su don dominante, pero será vigorizado por ello y no agotado, porque habrá encontrado su propósito en la vida.

No querrá llegar a un punto en el que se diga para sí: *Tiene que haber algo más en la vida. No sé cómo voy a mantener este tipo de existencia.* Su don puede que le produzca o no el tipo de dinero que usted originalmente pensó que estaría ganando, o que sus familiares pensaban que debería ganar. O podría producirle económicamente mucho más de lo que imaginó. En cualquiera de los casos, utilizar su don producirá mayor satisfacción, paz y contentamiento en su vida.

NO PERMITA QUE EL ORGULLO LE IMPIDA EMPEZAR CON POCO, Y TRABAJAR HACIA LO QUE FINALMENTE QUIERE.

ES MÁS FUERTE QUE LOS OBSTÁCULOS QUE LLEGAN CONTRA ÉL

Cuando usted entiende su propósito, desarrolla una pasión por cumplirlo, y esa pasión le hace ser resistente y capaz de recuperarse de los retos que la vida le lanza. La pasión es una fuente de verdadera determinación, y nos da la habilidad de vencer la resistencia y otras dificultades cuando operamos en nuestro llamado.

Pasión y aguante nos alimentan hasta el punto de estar dispuestos a aceptar la incomodidad y reveses temporales, a cambio de un beneficio a largo plazo. Si siente usted pasión por su don y experimenta un revés, no dice: "Bueno, supongo que ya estoy acabado en esta área en particular". De hecho, con frecuencia se da el caso de que somos retados precisamente en el área de nuestros dones. Si esperamos que eso suceda, podemos estar preparados para los obstáculos que lleguen y amenacen con hacer descarrilar la búsqueda de nuestro propósito. Si usted aún sigue su propósito después de que personas hayan intentado desalentarlo, y de que las circunstancias casi le hayan abrumado, entonces sabe que usted fue hecho para eso.

REQUIERE LA AYUDA DE OTROS

Es raro que alguien ejercite su don dominante en aislamiento, o no necesite la cooperación de otras personas para cumplir su propósito. De hecho, si podemos seguir solos, nuestra visión no es lo bastante grande. Con frecuencia, la implementación plena de nuestro propósito implicará otros dones o habilidades que nosotros no tenemos o no podemos aprender a realizar con maestría. Necesitamos manejar nuestro don dominante a la vez que formamos equipo con quienes tienen dones principales que pueden suplementar o complementar los nuestros. Por ejemplo, alguien que tenga el don de fabricar productos necesita trabajar con un distribuidor para conseguir que sus productos lleguen al mercado. Alguien con el don de escribir guiones no verá su guión convertirse en película hasta que sea producido por un estudio o una empresa de producción que emplee a personas que tengan otros dones creativos y técnicos. El propósito y el trabajo en equipo van de la mano.

ESCLARECER SU DON DOMINANTE

Las siguientes son algunas maneras prácticas de poder esclarecer cuál es su don dominante, y solucionar cualquier incertidumbre que pueda tener al identificarlo. He incorporado algunas de las ideas de las que hablamos anteriormente. Cada una de estas maneras es útil, y no están enumeradas en un orden particular de importancia.

PRUEBA Y ERROR

Todos hemos probado algo y nos hemos dado cuenta: "Yo no estoy hecho para esto. Esto no es para mí". Puede que sea una actividad en la que participó una vez, o puede que sea un empleo en el que estuvo luchando durante años antes de admitir finalmente que no era una buena opción. Usted sabe mediante la prueba y el error que no es correcto para usted porque no utilizaba su don principal ni le llenaba de emoción y energía.

No sería sabio que intentáramos perseguir uno de nuestros dones menores, o utilizar una habilidad en la cual somos débiles como si fuera nuestro don dominante. Sin embargo, recordemos que cuando ejercemos nuestro don principal, puede que tengamos que realizar tareas secundarias relacionadas con él y que no nos gusta particularmente hacer o no nos sentimos muy diestros al hacerlas, aunque podamos llevarlas a cabo. A veces, eso viene con el territorio mientras perseguimos el cuadro general de cumplir nuestro propósito. Pero voy a añadir lo siguiente: *Puede salir de su zona de comodidad, pero nunca salga de su zona de habilidad.* Aunque a veces tenga que realizar esas otras actividades, asegúrese de que su enfoque sigue estando en su don y visión dominantes.

LA PERSPECTIVA DE OTROS

Una segunda manera de llegar a entender cuál es su don dominante es mediante las perspectivas de otras personas que pueden hacerle comentarios acerca de sus fortalezas y debilidades. Hable con personas que le digan la verdad sobre usted mismo, y no le digan lo que creen que usted quiere oír. Algunas veces, su mejor espejo lo forman las opiniones colectivas de sus amigos y familiares que realmente le conocen, porque quienes mejor le conocen, con frecuencia pueden ver cosas en usted que usted mismo no puede ver. Un amigo o un hermano puede que le diga: "¿Por qué estás en ese empleo? Debieras estar haciendo tal y tal cosa. Eres muy bueno en eso". Puede que usted no haya reconocido cierta habilidad o actividad voluntaria como relacionada con su don dominante. Lo ha estado tratando como un pasatiempo, mientras que otras personas ya lo han reconocido como una vocación viable para usted.

Unas palabras de cautela: considere con atención lo que dicen otras personas, pero asegúrese de que se identifica con sus consejos. Como dijimos anteriormente, las opiniones y sugerencias de otras personas a veces están basadas en factores que están fuera de su don dominante. Por ejemplo, puede que quieran que usted siga los pasos de un familiar que trabajó en cierto campo, aunque ese campo no está en consonancia con su don principal. Sin embargo, las personas más cercanas a usted a menudo pueden ser muy útiles en identificar cuál es su don dominante.

TEST DE PERSONALIDAD

Hay varios cuestionarios disponibles en línea o en forma impresa que pueden ayudarle a identificar su tipo de personalidad; lo que más le gusta hacer, y en qué ambientes le gusta hacerlo; qué dones tiene; y cuáles de sus

dones destacan más. Tales cuesti_____
don que ha estado utilizando con éx__
el que no ha pensado en términos de ser

42 Principios y Poder de la Sabiduría
con el Creador...
frecuenc...

EXPERIENCIAS SATISFAC___

Otra manera de discernir cuál es su don don__
actividades y eventos en los que ha participado en su
más satisfactorios para usted. Piense en sus diversas exp_____ __na-
les y hágase las siguientes preguntas: "¿Qué tipo de activi__ __presa o
trabajo ha sido regularmente gratificante para mí?". "¿Qué esta_a haciendo
en un periodo en mi vida cuando me sentía más realizado?". "¿Qué he hecho que me ha proporcionado el mayor gozo?".

A menudo, las experiencias más satisfactorias se centrarán en un don o
rasgo en particular. Al hacer su evaluación, asegúrese de pensar en cuando
era más joven y probablemente tenía más tiempo y libertad para disfrutar de
actividades favoritas. Además, muchas personas sacarán tiempo para las cosas que más les satisfacen. Por lo tanto, aquello para lo que saca tiempo, incluso cuando su horario está lleno, puede revelar cuál es su don dominante.

RAÍCES FAMILIARES

Para ciertas personas, estudiar su árbol genealógico puede darles una
pista con respecto a su don principal. A veces uno no sabe de lo que es capaz hasta que descubre lo que algunos de sus antepasados eran capaces de
hacer. Desde luego, ¡podría descubrir algunas cosas en su genealogía de las
que no esté orgulloso! Por otro lado, podría encontrarse con algunas habilidades y dones únicos que sus ancestros y familiares tenían y que usted tiene
también, porque comparte su ADN.

INSPIRACIÓN

Yo creo en el poder de la oración que pide sabiduría y dirección. Le
aliento a pedir al Creador que le revele lo que Él puso en su interior, que
quiere que usted comparta con el mundo. Repito que puede sorprenderle
encontrar que su don o visión es mayor de lo que usted cree. Nuestra propia
visión puede estar muy limitada, pero cuando establecemos una conexión

y le pedimos que revele sus planes, los resultados son con
...a mayores de lo que pudimos imaginar.

AVIVAR SU DON

Cuando descubre cuál es su don dominante, necesita ser avivado en su interior para así poder ser manifestado. Una buena manera de hacer eso es pasar tiempo con personas que tengan un don parecido y observar cómo lo ejercitan. ¿Ha estado alguna vez cerca de alguien que tiene un don similar al de usted, y de repente se emocionó por nuevas posibilidades? Estar expuesto a la otra persona le ha ayudado a avivar su propio don, y le ha motivado a ejercerlo.

También puede avivar su don tomándoselo en serio, pensando en su potencial, y haciendo planes concretos para implementarlo en lugar de limitarse a esperar poder utilizarlo algún día. Pablo Picasso dijo: "Yo pinto objetos tal como los pienso, no como los veo". Sus cuadros eran expresiones de sus pensamientos. Si usted no comienza a pensar regularmente en ejercer su don, nunca lo verá convertirse en realidad. Pero cuando comienza a pensar en él y a avivarlo, puede demostrarle al mundo lo que usted ya imaginó en su interior.

ACTUAR SOBRE SU DON

Cuanto más avive su don dominante, más fluirá de su vida. No debemos asumir que nuestro don está operando a su máxima capacidad tan solo porque es innato. Aunque un don principal es innato, puede y debe ser desarrollado a lo largo de nuestra vida.

"USTED ES LA ÚNICA PERSONA EN LA TIERRA
QUE PUEDE UTILIZAR SU HABILIDAD".
—ZIG ZIGLAR

La mayoría de las personas fracasan porque fallan en ejecutar. No tenga miedo a dar el paso y utilizar su don principal de manera definida en relación con su propósito: ya sea que tenga una idea para un producto original, un plan para un nuevo negocio, un concepto para un libro, una manera innovadora de promocionar un servicio, un programa para servir a su comunidad, o cualquier otra cosa.

Nuestro don no significará nada, a menos que sea utilizado. Incluso si actualmente no está en una posición donde tenga la libertad de hacer todo lo que está en su corazón, aférrese a su sueño de dar su don al mundo, y prepárese continuamente para oportunidades de compartirlo.

En relación con lo anterior, un don es como un regalo. Un regalo no es un regalo hasta que haya sido entregado. Si usted nunca comparte su don particular, usándolo para beneficio de otras personas, en realidad no ha entendido su propósito. Anteriormente escribí sobre cómo Salomón le pidió a Dios un corazón entendido. La sabiduría que él pedía no era para sí mismo, sino para poder discernir de manera precisa las situaciones de las personas y juzgarlas justamente. En definitiva, nuestros dones tienen el propósito de servir a otros.

"SI USTED CREE QUE ES DEMASIADO PEQUEÑO PARA MARCAR UNA DIFERENCIA, INTENTE DORMIR CON UN MOSQUITO EN EL CUARTO".
—ATRIBUIDO AL DALAI LAMA XIV

SIGA USANDO Y AFILANDO SU DON

Incluso después de haber ejercido su don exitosamente, no lo descuide. No ha llegado aún a su punto más alto. Su habilidad dominante es un don que continúa dando. Justamente cuando usted crea que ya no puede llegar más lejos con él, aparecerá otra de sus facetas y, de repente, su don volverá a avivarse con nuevas ideas y nuevas aplicaciones.

Si no aviva regularmente su don, puede que comience a disminuir y se vuelva menos eficaz. Podría incluso perderlo de vista por completo por la falta de uso. Pero su don aumentará y se fortalecerá a medida que siga usted ejerciéndolo, desarrollándolo, e innovando con él.

Cualesquiera que sean sus circunstancias, debería estar soñando con dónde quiere ir en la vida; la sabiduría le ayudará a lograr ese sueño a medida que persigue su propósito. Usted no quiere quedarse atascado en lo mejor que ya ha realizado. Quiere avanzar hacia lo mejor que puede alcanzar. No se enfoque en su historial, sino más bien en su potencial. Lo que vea en su imaginación, al igual que los pensamientos que dominen su mente, siempre gobernarán su mundo.

BENEFICIOS DE UNA VIDA CON SABIDURÍA

+ La sabiduría nos ayuda a discernir nuestro propósito, y a seguir su cumplimiento mediante nuestro don dominante.

+ Nuestro don dominante es la clave para nuestra prosperidad. Nos da un lugar distintivo en el mundo, y una manera singular de aportar a los demás.

+ Cuando conocemos nuestro propósito, tenemos la verdadera medida de éxito o fracaso en la vida.

+ Podemos fortalecer y mejorar nuestro don dominante al entenderlo, enfocarnos en él, y utilizarlo.

APLICAR LA SABIDURÍA

+ Ayude a esclarecer cuál es su propósito en la vida tomando tiempo para responder la pregunta: "¿Cómo me gustaría ser recordado?". Anote sus pensamientos.

+ Descubra o confirme su don dominante repasando la sección "Esclarecer cuál es su don dominante", y haciéndose las diversas preguntas planteadas en este capítulo, como:

  > ¿Es lo que actualmente estoy haciendo con mi vida, lo que realmente quiero hacer?

  > ¿Refleja quién soy yo verdaderamente? ¿Encaja en mi personalidad?

> ¿Qué actividades y talentos me hacen sentir más vivo cuando participo en ellos o los utilizo?

> ¿Qué ideas para hacer o crear algo surgen persistentemente en mis pensamientos?

Al responder estas preguntas, haga una lista de cosas que le gusta hacer, que desearía poder hacer, y que sabe que haría cada día con alegría.

◆ Cuando comience a identificar su propósito y su don principal, comience a investigar y a planear cómo seguirá su propósito a la vez que desarrolla su don.

3

LA SABIDURÍA CONFÍA EN EL VIAJE

"La sabiduría es un viaje, no un destino."

Necesitamos pensar en la sabiduría como un viaje, no un lugar al que llegamos y somos sabios repentinamente. Nunca dejamos de aprender sabiduría, sino seguimos reuniéndola a lo largo de los años para aplicarla a nuestras vidas. De manera paralela, cuando descubrimos o confirmamos nuestro propósito en la vida, debemos entender que aunque podamos conocer nuestro propósito, no conoceremos la historia completa de nuestro llamado hasta que lo vivamos. Dios revelará facetas de nuestro propósito a lo largo del viaje de la vida, de modo que tenemos que hacer el viaje a fin de que ese propósito sea revelado completamente.

A medida que procedemos en el viaje de la sabiduría, recibiremos todo lo que necesitemos para cumplir nuestro llamado. Y aunque no siempre sabemos hacia dónde nos dirigimos, la sabiduría confía en que el viaje nos llevará hasta allí. La confianza genuina surge en nuestras vidas, y se vuelve importante para nuestro progreso en la vida solamente en momentos de incertidumbre o ambigüedad. Salimos a cumplir nuestro propósito por fe, sin conocer el panorama completo. Ponemos un pie delante del otro, y dejamos nuestro lugar de comodidad para lanzarnos a hacer algo de lo cual no tenemos garantías concretas.

Quizá nunca haya pensado que tendría la audacia para avanzar con intención y pasión, impulsado por el don y el llamado que Dios ha puesto en su corazón. Pero algo sucede cuando usted se compromete con su propósito, que da comienzo a un ímpetu en su vida, enviándole en un nuevo rumbo hacia una mayor satisfacción y éxito. Exploremos algunos de los beneficios específicos de un viaje por la vida guiado por la sabiduría y el propósito.

BENEFICIOS DEL VIAJE

1. EL VIAJE NOS PRESENTA A NOSOTROS MISMOS

En primer lugar, hay algo con respecto al viaje que nos ayuda a que nos presentemos a nosotros mismos, y a hacer que la sabiduría sea real para nosotros. Tendremos experiencias a lo largo de nuestro viaje que pueden parecer ayudas poco probables para cumplir nuestro llamado, pero todas ellas son parte del proceso de preparación para él. De este modo, el viaje no solo nos enseña sabiduría, sino también nos permite interiorizarla, estableciéndola en nuestras vidas para que vivamos consistentemente según sus principios.

Hace tiempo, un joven llegó a ser el equivalente a primer ministro de Egipto aparentemente de la noche a la mañana. Pero su viaje hasta esa posición fue largo y extraño. Primero fue vendido como esclavo por sus propios hermanos. Pero sus dones y habilidades innatos hicieron que fuera ascendido hasta la posición de ser el sirviente de más confianza de su amo; hasta que fue acusado falsamente y metido en la cárcel. Sin embargo, incluso en la cárcel no languideció por las injusticias que sufrió, sino continuó ejerciendo sus dones donde estaba. Como resultado, el carcelero le nombró para que fuera su principal administrador en la cárcel. Todo ese tiempo, incluso bajo circunstancias difíciles, el don del joven estaba siendo avivado y desarrollado, a la espera de la oportunidad adecuada para florecer.

Un día, el faraón tuvo un problema que solamente el propósito y las habilidades de este hombre pudieron responder, y el joven pasó repentinamente de ser un recluso en la cárcel a ser el segundo gobernante en Egipto. Pero no podría haber desempeñado nunca las obligaciones administrativas de un primer ministro si no hubiera estado ejerciendo sus dones todo el tiempo.[9]

---

9. Para leer el relato completo, ver Génesis 37, 39—41.

El mismo principio se aplica a nosotros. No podemos permitirnos esperar hasta llegar a cierto lugar en la vida antes de decidir ejercer nuestras habilidades y nuestro potencial. Tenemos que ser fieles en desarrollarlos continuamente y seguir obteniendo sabiduría, incluso si estamos en un lugar de anonimato, y pensamos que nadie nota ni aprecia lo que podemos hacer.

Queremos ser capaces de vivir a plenitud cada día que estemos en esta tierra. No queremos llegar al final de nuestra vida con el remordimiento de las cosas que fallamos en hacer, las que no hicimos, las que podríamos haber hecho... las que hubiéramos hecho...las que deberíamos haber hecho. Como dijo alguien sabiamente, la mayor tragedia de la vida no es morir, sino más bien no haber vivido nunca.

Por eso no debe permitir que otra persona ponga su vida en espera. Usted no puede esperar a alguien más para comenzar a vivir; tan solo avance y deje que los demás le alcancen. Usted está en esta tierra para progresar, no solo para sobrevivir. Está aquí para vivir la vida al máximo, y no tener remordimientos cuando se vaya. No se trata de cuánto tiempo vivamos, sino de lo que damos mientras estamos.

EL VIAJE NO SOLO NOS ENSEÑA SABIDURÍA, SINO TAMBIÉN NOS PERMITE INTERIORIZARLA.

Permítame decir a quienes están en el principio del viaje en su vida: con frecuencia, usted no llega directamente a su llamado después de graduarse de la secundaria o la universidad. A veces tiene que hacer lo que tiene que hacer hasta que pueda hacer lo que fue llamado a hacer. Necesita ciertas experiencias que le preparen para lo que llegará. Usted entrará en su propósito y lo cumplirá mientras haga el siguiente compromiso en su corazón: "Voy a vivir mi llamado, sin importar cuánto tenga que recorrer la milla extra, sin importar lo que digan otras personas, y sin importar cuánto tenga que trabajar con cada fibra de mi ser".

Antes de entrar en mi vocación principal, yo repartí periódicos, fui cajero en una farmacia, y trabajé como contador y vendedor. Incluso tenía un empleo trabajando en una tienda de comida saludable, cortando y envolviendo queso. Dios a veces nos lleva por caminos que dan rodeos para hacer que terminemos precisamente donde debíamos estar. Puede que usted no sepa por qué tiene que atravesar lo que tiene que atravesar, pero todo ello es parte del viaje hacia su propósito.

Dondequiera que esté en la vida, le aliento a comenzar a demostrar lo que Dios haya puesto en su interior. Llegarán oportunidades nuevas y más grandes si usted ya está ocupado en su propósito: trabajando en algo, creando algo, construyendo algo. La sabiduría sabe que la persona que es fiel en lo poco, es también fiel en lo mucho.[10]

REALMENTE NO SE TRATA DE LO QUE HACEMOS EN LA VIDA. SE TRATA DE QUIÉNES LLEGAMOS A SER EN EL PROCESO DE NUESTRO HACER.

2. EL VIAJE AYUDA EN NUESTRO DESARROLLO PERSONAL

El viaje tiene también un papel importante en nuestro desarrollo personal, para ayudarnos a llegar a ser lo que habíamos de ser. Tenemos que recibir la sabiduría y la belleza del viaje; el camino contiene tanto adversidad como alegría, pero deberíamos aprender a apreciar ambas cosas (por difícil que eso pueda ser a veces), porque cada una desempeña un papel importante: una es para el crecimiento y la otra para bendición.

Realmente no se trata de lo que hacemos en la vida. Se trata de quiénes llegamos a ser en el proceso de nuestro hacer. Algunas personas están tan centradas en llegar a su destino, que se pierden los beneficios del viaje. Necesitamos establecer metas y saber a lo que apuntamos en la vida, pero repito que también debemos experimentar el proceso. Y el proceso nos enseñará sabiduría, y edificará buen carácter en nosotros si se lo permitimos.

10. Véase Lucas 16:10.

El propósito de Dios en su vida es mayor que sus problemas, su dolor, sus obstáculos, y sus errores. Él no lo descalifica cuando atraviesa dificultades o cuando lo arruina todo; sus propósitos se cumplirán a pesar de todo.

3. EL VIAJE TRAE A NUESTRA VIDA A PERSONAS QUE PUEDEN AYUDARNOS

Además, se encontrará con diversas personas a lo largo del viaje que podrán ayudarle en el viaje de su vida. No conocerá a algunas personas hasta que llegue a una bifurcación en el camino, y entonces ellos estarán ahí para darle dirección para escoger el camino correcto, los recursos para avanzar con su propósito, o cualquier otra cosa que usted necesite. Si se desvía de su propósito en un intento de seguir alguna otra cosa, se saldrá del camino, y puede que se pierda esos encuentros.

Yo conocí a mi esposa cuando estaba en la secundaria, pero en aquel momento no buscaba una novia ni una esposa. No iba por ahí buscando mujeres por buscarlas. Incluso cuando tenía esa edad, yo seguía lo que conocía de mi propósito, y a lo largo del camino me presentaron a mi esposa. De hecho, cuando la vi por primera vez, estábamos en un pasillo en la escuela secundaria donde estaban situados los casilleros; nuestros casilleros estaban cerca, ¡y ella tropezó con el pie de su amiga y literalmente cayó a mis pies! No tuve que salir de mi camino para encontrarla; ella se tropezó en mi camino, de modo que no pude pasarla por alto.

De igual manera, no es coincidencia que usted se tropiece con las personas a las que ha de conocer en su viaje. No tiene que salirse de su camino para obtener lo que está diseñado para usted. Eso no significa que nunca cambiará de ubicación o circunstancias mientras sigue su llamado, pero si sigue su verdadero propósito y está alerta a las oportunidades, no tendrá que preocuparse ni esforzarse por obtener lo que necesite. La persona que puede ayudarle en un momento dado en su vida podría ser alguien en su trabajo, alguien en su barrio, incluso alguien que compra en la misma tienda que usted. Conocerá en la vida a muchas personas de quienes puede aprender, con quienes conectar, o de quienes recibir ayuda.

4. EL VIAJE NOS PREPARA PARA NUESTRO DESTINO

Además, nunca podríamos estar preparados para nuestro destino, o para el cumplimiento de nuestro propósito, sin viajar por el camino de nuestro viaje particular. Hay dones y habilidades que usted no descubrirá en la vida hasta que se encuentre con ciertas circunstancias y situaciones. Algunas veces usted no sabe lo que puede hacer hasta que tiene que hacerlo, y entonces se sorprenderá de lo que hay en su interior. Por eso una mamá águila empujará a sus polluelos fuera del nido después de haberlos alimentado durante un tiempo. Ellos no saben que pueden volar hasta que tienen que hacerlo.

Habrá algunas situaciones en la vida donde nuestra confianza será puesta a prueba. ¿Confiaremos en el viaje? ¿Confiaremos en el Creador que puso propósito en nuestro interior, y nos dio el don que nos motiva a continuar el viaje? No conocemos todos los detalles con antelación, pero eso está bien porque Él va con nosotros. Algunas veces Él simplemente quiere sorprendernos con algunas cosas buenas a lo largo del camino, y otras veces Él sabe que es mejor para nosotros no saber o experimentar ciertas cosas hasta que seamos lo bastante fuertes para poder manejar las presiones o los retos que enfrentaremos.

Igualmente, hay diversas cosas en el viaje de esta vida que no entenderemos hasta que lleguemos a un lugar en particular llamado "allí". ¿Ha escuchado alguna vez hablar a personas ancianas sobre algo, pero realmente no pudo identificarse con lo que ellos estaban diciendo hasta que más adelante experimentó algo parecido? Es similar a como los adolescentes piensan por lo general que saben más que sus padres y madres, y no entienden ciertas cosas acerca de sus padres hasta que llegan "allí", y son padres ellos mismos; entonces miran hacia atrás, y entienden cuán sabios eran sus padres.

Con frecuencia, "allí" es el lugar donde tenemos una epifanía, el lugar donde llega a nosotros una revelación de sabiduría, conocimiento o introspectiva. "Allí" podría ser el lugar que se convierte en un momento decisivo en nuestra vida o donde algo cobra vida para nosotros, donde los dones de Dios son liberados, donde nuestra pasión es avivada debido a algo que hemos descubierto en nuestro viaje. "Allí" es algunas veces donde somos llamados al siguiente paso importante en el cumplimiento de nuestro propósito. Pero a fin de encontrar el "allí", tenemos que comenzar en nuestro viaje y ocuparnos en hacer lo que hemos de hacer.

A veces podemos estar agradecidos si no se nos han dado las mejores oportunidades o hemos tenido éxito temprano en la vida porque, en el momento, no habríamos tenido la madurez suficiente para manejarlo, edificar sobre ello, o sostenerlo. Tras haber experimentado parte del viaje y haber obtenido sabiduría, podemos utilizar mejor y disfrutar lo que tenemos, y lo que hemos recibido. Si tuviera que escoger qué mitad de mi vida me gustaría que fuera mejor, escogería batallar mientras era joven, y después que me sirvieran el "buen vino" en la segunda mitad de mi vida, en lugar de que fuera al contrario.

ALGUNAS VECES USTED NO SABE LO QUE PUEDE HACER HASTA QUE TIENE QUE HACERLO.

A veces tan solo necesitamos esperar hasta que llegue el momento correcto. O que nuestro don madure. O que estén en su lugar personas estratégicas que reconocerán el valor de nuestras habilidades y cualidades. Es entonces cuando nuestro don hará lugar para nosotros en el mundo. Sería una necedad por nuestra parte sembrar una semilla un día y sacarla al día siguiente, y esperar que la semilla haya hecho su trabajo. La vida sucede mediante un proceso.

Una seta puede crecer en seis horas. Usted puede irse a la cama en la noche y, en la mañana, habrá aparecido una seta que ni siquiera vio el día anterior. Pero una seta también puede marchitarse bajo el calor del sol en cuestión de horas. Si obtiene algo rápidamente, puede terminar fácilmente. Pero aquello que llega mediante un proceso está construido para largo tiempo. Un mosquito pone larvas en dos días, y el periodo de vida de un mosquito adulto es de una semana a un mes. Como contraste, un elefante pasa por un proceso de gestación de casi dos años, y el animal vive durante décadas. Mi pregunta para usted es esta: ¿quiere una bendición de mosquito o una bendición de elefante?

EL MEJOR CAMINO

Algunas personas demoran comenzar su viaje hacia el propósito diciendo: "Tan solo estoy esperando a que me llegue la inspiración", o "Estoy esperando a que llegue el empleo adecuado", o "Estoy esperando a que suceda algo". La paciencia y la espera tienen su lugar, pero no es eso lo que están haciendo. Están esperando a que llegue su barco hasta ellos. Permítame decirle: su barco no va a llegar hasta la orilla; ¡usted tiene que nadar hacia él!

Recuerde que la oportunidad le llevará de una cosa a otra, y no de nada a algo. Por lo tanto, haga las cosas que Dios ha puesto en su corazón. Siga su sueño. Sus pasos serán más intencionados y deliberados a medida que avance. Póngase a trabajar en el nivel donde esté actualmente, siendo fiel y productivo, mientras se mantiene alerta y preparado para la siguiente oportunidad.

No hay nada más frustrante que no estar preparado para una oportunidad cuando llega. Sin embargo, permita que le aliente diciendo que si pierde una oportunidad, no se rinda, pues llegará otra. La sabiduría le conducirá a ella en su viaje. No estoy necesariamente de acuerdo con la frase: "La oportunidad nunca llama dos veces". Puede que tengamos o no una segunda ocasión en una oportunidad en particular, pero creo en las posibilidades de Dios y en sus segundas oportunidades. Y eso significa que siempre habrá oportunidades para nosotros de trabajar, crear, servir y amar.

Supongamos que usted va tarde, y se apresura a agarrar el metro (parecido al anfitrión del filósofo chino en la historia que conté anteriormente en este libro). Baja rápidamente las escaleras justamente cuando se cierran las puertas del tren y se va. Perdió usted el tren, pero pasará por allí otro tren para recoger pasajeros unos minutos después. Ya está en las vías; está ahí, aunque usted no pueda verlo físicamente. A menudo, puede oír llegar al tren antes de poder verlo. Por lo tanto, si ya ha perdido una oportunidad, comience a prepararse para la siguiente. Las oportunidades vienen y van. Tiene que trabajar para estar listo para recibir la siguiente oportunidad. Y vivir de acuerdo a la sabiduría le ayudará a hacer eso, porque la sabiduría le ayudará a hacer eso, porque la sabiduría siempre nos ayudará a descubrir y a seguir el mejor camino para nuestra vida.

LA SABIDURÍA SIEMPRE NOS AYUDARÁ A DESCUBRIR Y A SEGUIR EL MEJOR CAMINO PARA NUESTRA VIDA.

BENEFICIOS DE UNA VIDA CON SABIDURÍA

- ◆ El viaje de la sabiduría nos presenta a nosotros mismos.

- ◆ El viaje de la sabiduría ayuda en nuestro desarrollo personal.

- ◆ El viaje de la sabiduría trae a nuestra vida a personas que pueden ayudarnos, especialmente en momentos importantes.

- ◆ El viaje de la sabiduría nos prepara para nuestro destino, o para el cumplimiento de nuestro propósito.

APLICAR LA SABIDURÍA

1. ¿En qué aspectos el viaje de la vida le ha presentado a usted mismo?

2. Nombre una situación difícil que le ayudó a prepararse para eventos posteriores, o que le hizo ser una persona más fuerte. Si está atravesando una situación desafiante en este momento, ¿qué sabiduría o conocimiento puede obtener de ella?

3. Identifique varias personas que ya hayan sido clave para ayudarle a avanzar en la vida o para alcanzar logros. ¿Por qué no darles las gracias por su influencia positiva en su vida?

4. ¿Cómo puede prepararse mejor para futuras oportunidades que le harán avanzar hacia el cumplimiento de su propósito?

PARTE 2
LA SABIDURÍA FORTALECE NUESTRA POSICIÓN

4

LA SABIDURÍA PLANIFICA CON ANTELACIÓN

"Usted no obtiene lo que quiere en la vida;
obtiene aquello para lo cual se prepara."

La causa de la mayoría de los fracasos en la vida es una falta de preparación. Creemos que estamos listos para comenzar un proyecto o empresa, o pensamos que podemos mantener operando una iniciativa actual, solo para ver que todo se desmorona por la sencilla y evitable razón de que no nos hemos preparado para ello adecuadamente. No hemos pensado bien en todas las implicaciones o los problemas que podrían surgir, y cómo abordarlos. Si no tenemos un plan, lo mejor que podemos esperar es tener una oportunidad de éxito al azar. Dos frases populares destacan esta verdad: "Si no sabe a dónde va en la vida, cualquier camino le llevará hasta allí", y "Cuando usted fracasa en planear, planea fracasar".

La sabiduría nos dice que el momento para *estar* preparados no es el momento *para prepararnos*. En ese punto, podría ser demasiado tarde. El trabajo preparatorio tiene que hacerse de antemano.

BENEFICIOS DE LA PLANIFICACIÓN

La preparación es la mayor evidencia de que creemos que algo mejor llegará a nuestra vida. Y cuanto más grande vaya a ser algo, más tiempo necesitamos para prepararnos para ello. Cuando entendemos los beneficios de la planificación y cómo emprenderla, podemos lograr mucho a la vez que evitamos desengaños innecesarios y estrés indebido. Por lo tanto, comencemos viendo algunos beneficios específicos que derivamos de la planificación.

LA SABIDURÍA NOS DICE QUE EL MOMENTO PARA *ESTAR* PREPARADOS NO ES EL MOMENTO *PARA PREPARARNOS.*

VIVIMOS LA VIDA SEGÚN NUESTRO PROPÓSITO, NO SEGÚN LAS IDEAS O INTENCIONES DE OTROS

El primer beneficio de planificar es que nos permite seguir en lo que hemos identificado como el propósito de nuestra vida. Si no tenemos un plan para lo que queremos hacer, podríamos vivir el plan de otra persona para nuestra vida en lugar de nuestro verdadero llamado, porque estamos siguiendo el camino de menor resistencia. La persona que no tiene ninguna estrategia estará siempre a merced de quien tiene una estrategia y está preparado para lanzar a otros a ella, esté o no alineada con su propósito.

PROVEEMOS UN BUEN FUNDAMENTO PARA TODAS NUESTRAS INICIATIVAS

En segundo lugar, para la implementación de cualquier idea o iniciativa, la planificación nos da un fundamento sólido sobre el cual edificar. Por ejemplo, nadie que quiere comenzar un negocio tendrá éxito a largo plazo sin un plan de negocio bien pensado. Supongamos que usted quiere solicitar un préstamo bancario para abrir una cafetería. Necesitaría desarrollar una propuesta detallada para que el banco pudiera determinar si usted ha pensado bien todos los elementos relevantes y detalles de la iniciativa, hasta los tipos concretos de sándwiches que se servirían y una lista de los ingredientes, para decidir si tiene buenas posibilidades de éxito.

¿Qué puntos ha identificado como necesarios para que sus propios sueños se hagan realidad? En primer lugar, ¿tiene una estrategia clara para cumplir el propósito de su vida? Dentro de esa estructura, si quiere casarse, ¿cuál es su plan? Si quiere obtener más educación formal, ¿cuál es su plan? Si quiere tomar un año sabático y viajar, ¿cuál es su plan? ¿Ha pensado bien en todos los detalles de lo que desea lograr?

"CUANDO FRACASA EN PLANEAR, PLANEA PARA FRACASAR".

ANTICIPAMOS Y DESARROLLAMOS RESPUESTAS A PROBLEMAS POTENCIALES

Me gusta la lista de "planear de antemano" que utiliza John Maxwell, el cual incluye la anticipación de necesidades futuras:

PLAN:

+ Predeterminar un curso de acción.
+ Plantear sus metas.
+ Ajustar sus prioridades.
+ Notificar al personal clave.

DE ANTEMANO:

+ Dar tiempo para la aceptación.
+ Pasar a la acción.
+ Esperar problemas.
+ Señalar siempre hacia los éxitos.
+ Repasar diariamente el plan.[11]

Aunque todos esos puntos son valiosos, quiero enfocarme aquí en el de "Esperar problemas". Es aquí donde muchas personas se pierden mientras persiguen sus sueños y metas. Comienzan una iniciativa con expectación y optimismo, pasando por alto el hecho de que vivimos en un mundo

---

11. Véase John Maxwell, *The 21 Irrefutable Laws of Leadership*, rev. ed. (Nashville: Thomas Nelson 2007), p. 43.

problemático donde surgen problemas que deben ser abordados. La planificación nos da la visión con antelación para identificar necesidades y problemas potenciales antes de experimentarlos, de modo que podamos prepararnos lo mejor posible para todas las eventualidades, y saber con antelación el curso de acción que tomaremos si surgen dificultades.

El optimismo es una cualidad maravillosa, y hablaremos sobre su importancia más adelante en este libro. Pero el optimismo y lo práctico tienen que ir de la mano. Aunque me considero a mí mismo el "Señor Positividad", no creo que sea un pensamiento negativo anticipar que las cosas no siempre van a proceder del modo en que queremos o que tenemos planeado que vayan. Llegarán en la vida ciertas cosas que son totalmente inesperadas.

He observado que algunas personas tienen la impresión de que su fe o su optimismo les capacitarán para *evitar* problemas, en lugar de empoderarlos para *atravesarlos*. Sin embargo, Jesús mismo dijo: *"Yo les he dicho estas cosas para que envíen allí en paz. En este mundo afrontarán aflicciones, pero ¡anímense! Yo he vencido al mundo"*.[12] No es una señal de falta de fidelidad anticipar problemas, porque se nos garantiza que tendremos diversos problemas en la vida. Tan solo necesitamos decidir cómo responderemos a ellos.

Aquí tenemos una sencilla ilustración de cómo tener solamente optimismo puede hacer que las personas fracasen. Supongamos que alguien quisiera abrir un tipo de tienda en particular. Al tener poca experiencia en los negocios, las personas se imaginan que si reciben cien clientes cada día, y cada uno de sus clientes gasta al menos diez dólares, recibirán mil dólares diarios de ingreso bruto. Incluso si consiguen tener cien clientes en su tienda cada día, no todos comprarán algo. Muchos entrarán solamente para mirar. El dueño del negocio tendrá que revisar su estimado de ingresos diarios después de hacer una investigación detallada de mercado, e incluso así no hay garantía de que se cumplirán las metas proyectadas. Las ventas puede que sean mayores o menores de lo anticipado. Por lo tanto, para tales empresas, parte del proceso de planificación sería tener en cuenta que algunas personas no estarán interesadas en lo que usted tiene que ofrecer, y que debe esperar encontrar cierta cantidad de rechazo.

---

12. Juan 16:33 (NVI)

Además, el dueño del negocio tendrá que entender que una falta de respuesta hacia un producto en particular no significa necesariamente que el producto sea malo, sino solo que necesita ser dirigido hacia una mejor audiencia y presentado a bastantes personas. Hay sobre el planeta unas siete mil millones de personas. Eso significa que si usted fabrica algo y es rechazado incluso por un millón de personas, sigue quedando un gran mercado para ese producto. Supongamos que precisamente lo que usted está dotado para producir será muy importante en Asia o Europa, y usted ni siquiera ha llegado a anunciar su producto allí. Sencillamente puede que esté pescando en las aguas equivocadas. Tener un plan bien pensado nos ayuda a evitar perder tiempo y dinero en esfuerzos que están destinados a no ser lucrativos. Si eso ocurre, necesitamos revisar inmediatamente nuestro plan de juego, analizando: "¿Qué está equivocado en lo que estoy haciendo? ¿Qué estoy pasando por alto? ¿Qué nuevos mercados puedo explorar?".

Así, cuando planeamos alguna cosa, desde algo tan pequeño como una reunión familiar local hasta algo tan grande como una fusión de empresas importantes, siempre deberíamos anticipar que puede que seamos confrontados por desarrollos inesperados o negativos. Hágase las siguientes preguntas: "¿Y si esto (idea, plan, operación, proyecto, relación) no funciona? ¿Debería poner todos mis huevos en una sola cesta?".

Haga un plan para lo que hará si algo sale mal. Por ejemplo, con respecto a su negocio, podría hacerse preguntas como las siguientes: "¿Y si no me contratan para este empleo en particular?". "¿Y si la empresa no me renueva el contrato?". "¿Y si aumenta el costo de mis productos?". "¿Y si renuncia uno de mis vicepresidentes?". "¿Y si mi producto ya no es popular o necesario?".

Hacerse tales preguntas no significa que sea usted pesimista o desconfiado; sencillamente es práctico. Recuerde que si hay seres humanos implicados en algo, ¡habrá problemas! Algunas cosas no son cuestión de si, sino de cuándo.

Si considera desde un principio estos tipos de problemas, le ayudará trazar una estrategia sabiamente. Su plan necesita abordar todos los escenarios posibles, al igual que los tipos de recursos que estarán disponibles en caso de que suceda lo inesperado. Si su perspectiva se ha basado puramente en el optimismo, tiene que despertar y oler el café, porque carece de un buen plan para el éxito.

AHORRAMOS RECURSOS PARA LOS TIEMPOS DE ESCASEZ

Además, planificar con antelación nos alienta a guardar durante los periodos de abundancia para así poder seguir teniendo una fuente de provisión durante los periodos de carencia. Muchos individuos, negocios y organizaciones gastan todo lo que tienen en el presente sin considerar una posible escasez en el futuro. En lugar de alentarnos a ahorrar para tiempos de escasez, la sociedad defiende tan implacablemente el gasto, que es muy fácil quedar atrapado en el gasto excesivo.

Una definición de pobreza es utilizar todo lo que uno tiene en una generación (esto se aplica no solo a los recursos materiales, sino también a los espirituales, intelectuales, emocionales y físicos), de modo que cuando llega la siguiente generación no hay herencia sobre la que ellos puedan construir. Es así como muchas familias se quedan atascadas en una clase económica baja o una perspectiva emocional negativa. Deberíamos hacer planes para conservar finanzas y preservar otros recursos que serán necesarios para que nosotros, y nuestras familias, nos mantengamos, crezcamos y nos desarrollemos durante el curso de nuestras vidas.

VIVIR BIEN EL HOY SE OCUPARÁ DEL MAÑANA.

SEGUIMOS ADELANTE AUN CUANDO FALLE NUESTRO ENTUSIASMO

La planificación también nos ayuda a seguir adelante durante esos periodos en que, temporalmente, nuestra motivación se debilita o nuestro entusiasmo se desvanece. El dueño de un equipo de la NFL prometió a todos sus jugadores un Cadillac totalmente nuevo si ganaban el *Super Bowl* (Súper Tazón). Los jugadores estaban llenos de entusiasmo por esa posibilidad, pero de todos modos salieron a la cancha y perdieron el partido. ¿Es importante el entusiasmo? Sin duda. Pero solamente el entusiasmo no nos hará lograr la victoria.

Para tener la mejor posibilidad de ganar, un equipo deportivo necesita preparar de antemano su plan de juego, con diligencia, formulando una estrategia eficaz basada en un estudio detallado de sí mismo y de sus oponentes, asegurándose de que la estrategia esté clara para todos los miembros del equipo, realizando ejercicios de entrenamiento que desarrollen la fuerza y el aguante de los miembros del equipo, y afilando las destrezas específicas de los atletas individuales. El equipo tiene que practicar continuamente varias jugadas bajo diferentes condiciones hasta que esas jugadas se conviertan en una segunda naturaleza, y puedan ser ejecutadas incluso bajo una intensa presión.

Desarrollamos habilidades aprendiendo a hacerlas correctamente, y después repitiéndolas una y otra vez. Cuanto más las practiquemos, más fácil nos resultará hacerlas bien cuando realmente sea necesario. Las habilidades se volverán automáticas si formamos hábitos. Este principio se aplica a cualquier escenario importante que necesitemos anticipar y para el cual tengamos que prepararnos. Por ejemplo, muchos sistemas escolares y lugares de negocios tienen el requisito de realizar simulaciones regulares contra incendios; sus procedimientos de seguridad incluyen planear y practicar lo que harán alumnos, maestros o empleados en caso de que se produzca un incendio u otra emergencia. Mediante repetidas circunstancias simuladas, las respuestas de las personas se vuelven un reflejo. Cuando estamos en medio de una crisis, no tenemos tiempo para comenzar a pensar en cuál debería ser el mejor curso de acción. Tenemos que estar entrenados para ello con antelación. Tiene que estar en nuestra memoria muscular que "cuando esto sucede, esto es lo que haré". La única manera de llegar a ese lugar es la planificación y la práctica.

DOS COSAS PUEDEN REDUCIR DRAMÁTICAMENTE SU TEMOR A HACER CUALQUIER COSA: PREPARACIÓN Y PRÁCTICA.

De manera similar, al hacer planes específicos para lograr las metas que hemos establecido, repasar regularmente esas metas, y entrenarnos continuamente en lo que se requiere para implementarlas, podemos mantenernos enfocados en las habilidades continuas y la preparación que necesitamos para el éxito. La práctica no siempre hace la perfección, pero sí la mejora. Permítase a usted mismo una oportunidad de aprender y crecer. Entonces, a medida que avance hacia sus metas, si su entusiasmo se debilita temporalmente o languidece, o surge cualquier otro problema, tendrá una fuerte preparación para recuperarse, y una mentalidad entrenada que le permitirá perseverar y seguir avanzando para así poder ser exitoso al final.

RECUPERAMOS EL PASO SI TROPEZAMOS Y CAEMOS

Cualquiera puede cometer un error, y puede que caigamos de bruces haciendo lo mejor que sabemos. Pero tenemos que recordar que caer no descalifica a un corredor de una carrera; siempre puede volver a levantarse y seguir corriendo. Si caemos, no podemos quedarnos ahí y poner excusas o culpar a otras personas de lo que sucedió, o nos quedaremos en esa posición caída y no tendremos oportunidad de terminar bien. En cambio, necesitamos recordarnos a nosotros mismos: "Tengo que levantarme porque tengo una carrera que *debo* terminar".

Además, una cosa es volver a levantarnos después de que hemos caído, y otra cosa es recuperar el paso y seguir empujando hacia adelante. Por lo tanto, si tiene un tropiezo, evalúe lo que fue mal y haga correcciones y ajustes en su plan, pero después vuelva a mirar el desarrollo de su propósito y de sus metas. Si se ha quedado retrasado con respecto a su calendario original, quizá pueda alargar sus zancadas mientras mantiene la mirada en la meta. Mantenga su determinación a correr para que pueda tener éxito.

CLAVES PARA LA PLANIFICACIÓN ESTRATÉGICA

Podemos resumir los puntos anteriores con esta verdad sencilla, pero indispensable: la planificación nos da la oportunidad de prepararnos para el éxito y prevenir el fracaso. Cuando tenemos una estrategia clara para cumplir nuestro propósito, podemos avanzar para marcar una diferencia positiva en nuestra vida y en las vidas de otros. A veces no necesitamos ser informados sobre principios de la sabiduría tanto como necesitamos recordarnos regularmente a nosotros mismos los principios que ya conocemos, porque solamente entonces es cuando realmente ponemos en práctica los principios que pueden ayudarnos. Con demasiada frecuencia nos lanzamos a iniciativas sin planificarlas, aunque supuestamente conocemos los beneficios de tener una estrategia y metas. No basta con "saber" que necesitamos planificar; debemos comenzar a planificar.

A continuación tenemos algunas claves fundamentales para que la planificación estratégica nos ayude a asegurar que nuestros planes están bien pensados, y tienen una base fuerte para el éxito. Algunas iniciativas son sencillas y requieren tan solo planes sencillos; algunas otras son más complicadas y requieren planes globales. Aplique las claves siguientes de la manera apropiada para su iniciativa particular y su escala de operación.

1. DEFINA SU VISIÓN Y MISIÓN

A medida que considera cómo perseguir su propósito, o cuando comienza a planificar cualquier iniciativa significativa, es importante definir su visión y su misión en relación con ella. Puede que conozca su propósito en términos generales, pero una declaración de visión expresa el modo en que tiene intención de cumplir ese propósito según su enfoque particular, su don y sus intereses. Una declaración de misión es incluso más específica con respecto a cómo tiene intención de llevar a cabo su visión. Estas dos declaraciones deberían ser lo más claras y menos ambiguas posible, evitando objetivos imprecisos o antagonistas.

Para aclarar, aquí tenemos un ejemplo de la diferencia entre propósito, visión y misión. Supongamos que dos personas tienen el propósito similar de vida de fomentar la alfabetización. La primera persona tiene una visión de dirigir una organización sin fines de lucro que enseñe a leer a personas adultas, mientras que la segunda persona tiene la visión de enseñar la lectura a niños. La primera persona tiene una declaración de misión que delinea claramente cómo servirá a las necesidades de adultos que no saben leer, mediante un centro comunitario muy visible en un barrio en particular en el centro de la ciudad donde viven. La segunda persona tiene una declaración de misión que detalla cómo desarrollará un programa extracurricular con instructores voluntarios consistentes en maestros de español activos o jubilados, que realizarán tutorías de lectura en bibliotecas en ciudades específicas en una región en particular. Cada persona tiene una pasión por la alfabetización, pero cada una de ellas tiene una manera especial de expresar y servir a ese propósito general.

Diferencia entre Propósito, Visión y Misión	
Persona A	Persona B
PROPÓSITO: Promover el Alfabetismo	
VISIÓN: Dirigir una entidad sin fines de lucro para enseñar a los adultos a leer.	VISIÓN: Enseñar destrezas de lectura a los niños.
Misión: Atender las necesidades de los adultos que no leen, mediante un centro de comunidad con fachada exterior, en un vecindario particular en el centro de la ciudad.	Misión: Desarrollar un programa extracurricular con instructores voluntarios consistentes de maestros de inglés retirados o activos que ofrezcan tutorías de lectura en las bibliotecas de pueblos específicos en una región particular.

Cuando desarrolle sus declaraciones de visión y misión, asegúrese de imaginar lo que podría ser, y no solo lo que las circunstancias actuales indican que es factible. Imagine las posibilidades. Tiene que definir el "qué" y el "porqué" antes de resolver el "cómo".

2. EVALÚE SU SITUACIÓN Y CONSIDERE EL COSTO

Al establecer un enfoque específico y desarrollar su declaración de misión, una parte clave de su planificación estratégica será la de revisar su situación actual, evaluar sus dones, fortalezas, logros, habilidades, debilidades y necesidades en relación con lo que quiere hacer. Necesita entender de modo realista lo que está manejando, preguntándose: "¿Qué tendré que vencer para cumplir mi plan?". En este proceso, debe considerar el costo de diversas maneras. En primer lugar, ¿cuánto costará en términos de dinero y otros recursos? En segundo lugar, ¿cuánto costará en términos de energía mental, emocional y física? ¿Está usted dispuesto a pagar ese precio? En tercer lugar, ¿cuánto costará en términos de sus prioridades? Con frecuencia fracasamos porque empleamos más atención y energía en cosas secundarias que en las principales. ¿Será capaz de poner en primer lugar las cosas principales?

3. DECIDA UN PLAN DE ACCIÓN CON METAS CONCRETAS

Lo siguiente es formular un plan de acción específico basado en sus declaraciones de visión y misión, y en lo que ha determinado que necesita para tener éxito. Piense exactamente en lo que se requiere. Organícese. Incluya un listado detallado de los recursos y el equipo que serán necesarios, incluso si van a ser adquiridos gradualmente. Tiene que familiarizarse con las herramientas necesarias, y sentirse cómodo y diestro en su utilización, o encontrar a otras personas que puedan hacer eso. Cuando los cocineros experimentados se preparan para cocinar, primero alinean todos sus ingredientes, en lugar de ir buscando los ingredientes a medida que trabajan. De igual manera, usted debería hacer inventario con antelación, y estar seguro de tener todos los recursos listos cuando los necesite.

NADA AVANZARÁ HASTA QUE USTED LE PONGA FECHA.

También necesita establecer metas concretas. Una meta puede definirse como un sueño con una fecha límite. Primero debe establecer un plan, pero nada avanzará hasta que usted le ponga fechas. Bosqueje lo que hará paso por paso. Siempre puede revisar las fechas cuando sea necesario, pero si no establece metas, no hará mucho progreso.

4. DETERMINE Y CONSTRUYA EL EQUIPO NECESARIO

Parte de desarrollar su plan de acción es hacerse la pregunta: "¿Qué otras personas son necesarias para que esta iniciativa despegue adecuadamente, y qué perspectivas y habilidades deberían tener?". Crear una estrategia de este modo ayudará a asegurar que tenga los colaboradores y compañeros de equipo necesarios, ya estén directamente asociados con usted u operen en capacidad de apoyo. Por ejemplo, cuando se prepara para iniciar su plan, no necesita tener en su equipo a personas que tengan miedo a que usted fracase. Necesita tener personas realistas, y no meros aguafiestas; necesita personas que puedan ejercer discernimiento a la vez que ven las posibilidades. Tampoco necesita tener a quienes intimiden a los miembros del equipo para cumplir sus propias agendas; usted quiere personas que tengan convicción, pero que también sean capaces de expresar sus puntos de vista en armonía con el propósito general, la visión y el equipo. Además, no solo es cuestión de tener a bordo a las personas correctas en general; tiene que tener a las personas correctas en los asientos adecuados. Eso requiere una detallada evaluación de las fortalezas individuales de las personas.

En el proceso de aplicar estas primeras cuatro claves a la planificación estratégica, hable con otros de sus ideas. No implemente algo que no haya pensado plenamente y haya probado de alguna manera, o que no haya presentado a otras personas que hayan tenido experiencia en esa área, o hayan hecho algo parecido. (La excepción a esto podría ser con algo verdaderamente innovador que nadie haya intentado antes; entonces tendrá usted que confiar en sus instintos a la vez que se apoya en los mejores planes que pueda desarrollar). Recuerde: quienes han estado donde usted quiere ir pueden ahorrarle mucho tiempo y dinero, relatándole sus experiencias y su sabiduría.

5. AÑADA A SU CONOCIMIENTO Y EXPERIENCIA

Al hacer sus planes (e incluso cuando comienza a implementarlos), también tiene que determinar si necesita educación o formación adicional para poder terminarlos. Si es así, programe cuándo obtendrá la educación o la formación y haga los arreglos apropiados; puede que sea necesario que planifique cómo obtendrá los fondos adicionales que necesita para regresar a los estudios o para recibir la formación. Adicionalmente, busque obtener más experiencia práctica que le avance a lograr sus metas.

6. EJECUTE SU PLAN

Hemos visto que tener un plan no es suficiente si nunca ejecutamos ese plan. Como dice la frase: "Planee su trabajo, y trabaje su plan". Pero comenzamos a trabajar nuestro plan cuando nos hemos posicionado correctamente para hacerlo.

Cuando los corredores están en la línea de salida de una carrera, no comienzan repentinamente a correr cuando tienen ganas de hacerlo. Tienen que esperar las indicaciones del juez de carrera. Podemos comparar esas indicaciones con el modo en que funcionan la planificación y la implementación. El paso número uno es: "En sus marcas…". El juez no dice: "En las marcas de otro…". Es en *sus* marcas. Por eso, puede que usted comience persiguiendo una meta a una edad más avanzada de lo que otra persona lo hizo. No se confunda por eso. No importa si alguien lo hizo con veinte años, y ahora usted tiene sesenta. Olvídese de eso. Es en *sus* marcas.

NECESITAMOS ESTAR EN LA POSTURA CORRECTA, LISTOS PARA MOVERNOS, A FIN DE EJECUTAR NUESTRO PLAN.

El segundo paso es: "Listos…", lo cual significa "preparados para moverse". Usted tiene que estar en cierta posición en la que esté listo para correr; no puede salir desde una posición erguida. Muchas veces, se puede saber si alguien está listo para algo por su postura. Hay personas que creen que están preparadas para salir cuando en realidad no están en posición para hacerlo.

Entonces dice: "¡Fuera!". A veces tenemos que recordarnos a nosotros mismos: "No voy a vivir para siempre. Si no comienzo a trabajar en esto ahora mismo, puede que nunca lo haga". Hay algunas cosas que podemos comenzar a hacer incluso mientras esperamos a que otras cosas estén listas. Siempre que esté posicionado para hacer algo, tome acción.

Después de comenzar, repase sus planes regularmente para asegurarse de que sigue en curso, y para decidir si son necesarias algunas modificaciones. El fracaso sigue a una falta de planificación y seguimiento. Pero los buenos resultados siguen a un plan cuidadosamente ejecutado.

BENEFICIOS DE UNA VIDA CON SABIDURÍA

+ Cuando planeamos con antelación:
  > Vivimos según nuestro propósito, y no según las ideas o intenciones arbitrarias de otras personas.
  > Damos un buen fundamento a nuestras iniciativas.
  > Desarrollamos respuestas a problemas potenciales, y ahorramos recursos para tiempos de escasez.

> › Seguimos adelante incluso cuando nuestro entusiasmo falla, y volvemos a la carrera si tropezamos y caemos.

✦ La planificación estratégica nos mantiene en curso; nos permite definir nuestra visión y misión, evaluar nuestra situación y considerar el costo, decidir un plan de acción y metas concretas, construir el equipo necesario, añadir a nuestro conocimiento y experiencia, y ejecutar nuestro plan.

APLICAR LA SABIDURÍA

1. Escriba declaraciones de visión y misión que correspondan con su propósito.

2. Evalúe dónde está en la vida, incluyendo sus dones, fortalezas, logros, habilidades, debilidades y necesidades, en relación con lo que quiere hacer.

3. Trabaje en un plan de acción y metas que estén alineados a su declaración de misión, reconociendo los recursos necesarios y los diversos costos de llegar hasta donde necesita ir.

4. Determine qué otras personas o roles necesitará a fin de llevar a cabo su plan, ya sea que estén directamente asociados con usted o en posiciones de apoyo.

5. Identifique cualquier otra educación o entrenamiento adicional que pueda necesitar para cumplir su visión, y planee cuándo lo obtendrá.

6. Cuando esté en posición, dé pasos de acción específicos para comenzar a implementar su plan, y repase regularmente su progreso.

5

LA SABIDURÍA CREA HÁBITOS GANADORES, PARTE 1
EL PODER DEL HÁBITO

"Los hábitos dan forma a nuestro carácter, y nuestro carácter determina nuestro destino."

El éxito tiene mucho que ver con el hábito. Esencialmente, ganar es la combinación de hábitos positivos, mientras perder es la combinación de hábitos negativos, al igual que el descuido de los buenos hábitos. El reto que enfrentamos es que debemos formar buenos hábitos, mientras es fácil caer en malos hábitos. La máxima conocida como "Principio de Eng" dice: "Cuanto más fácil es hacer algo, más difícil es cambiarlo". A menudo es difícil salir de algo en lo cual fue fácil entrar.

Todos somos criaturas de hábitos, sean esos hábitos predominantemente positivos o negativos, o una mezcla de ambos. Y oculta en la rutina de nuestros hábitos está la profecía de hacia dónde nos dirigimos. Solo podemos llegar a ser mañana lo que estamos llegando a ser hoy.

Cada uno de nosotros puede admitir tener algunos hábitos negativos que necesitan romperse. (Si tiene alguna duda sobre eso, ¡tan solo pregunte a las personas con las que se relaciona!). Hay un proverbio español que dice:

"Los hábitos son primero telas de araña y después cables". Comienzan ligeramente, es fácil librarse de ellos; pero después de un tiempo, se convierten en gruesos cables, difíciles de romper. Como destacó Samuel Johnson: "Las cadenas del hábito son generalmente demasiado pequeñas para sentirlas hasta que se vuelven demasiado fuertes para romperlas". Esta afirmación es veraz, hasta cierto punto. Pero no creo que las ataduras creadas por los malos hábitos sean siempre demasiado fuertes para romperse; aún pueden ser rotas por la fe y la diligencia. Creo en el poder de Dios para ayudarnos a desmantelar los malos hábitos en nuestras vidas. Aunque puede que necesitemos ayuda profesional algunas veces, no somos una víctima de nuestros hábitos hasta el grado de no poder romperlos, y construir hábitos nuevos y mejores.

La buena noticia es que podemos situar nuestras vidas en un rumbo ganador al descartar intencionalmente prácticas que nos obstaculizan, y desarrollar prácticas que nos permitan avanzar y prosperar. Tengamos en mente que sin importar cuánto hayamos aprendido sobre una vida sabia y buenos hábitos, nuestra vida no cambiará hasta que apliquemos lo que hemos aprendido. El cambio puede ser incómodo a veces, pero es necesario para desarrollar prácticas positivas. Charles Kettering dijo: "El mundo odia el cambio, y sin embargo es lo único que ha producido progreso". Por lo tanto, si no nos gusta la ruta por donde va cierto aspecto de nuestra vida, o si no nos gusta la dirección general de nuestra vida, necesitamos cambiar nuestros hábitos. Podemos crear hábitos positivos que nos ayudarán a ser mejores *en*, y mejores *para*, nuestro propósito en la vida. Recordemos lo siguiente: tenemos el poder de elegir cuáles serán nuestros hábitos.

TENEMOS EL PODER DE ELEGIR CUÁLES SERÁN
NUESTROS HÁBITOS.

EL ÉXITO SE ENCUENTRA EN LAS RUTINAS DIARIAS

Todos los hábitos se establecen mediante repetición. Usted no llega a ser exitoso en algo haciéndolo tan solo una vez. Usted tiene éxito haciéndolo regularmente. Cada vez que repetimos un acto, fortalecemos el hábito, y por eso necesitamos edificar un patrón mediante el cual absorbemos prácticas positivas en nuestra vida. Así, mientras que el éxito puede no llegar en un solo día, el éxito se encuentra en las rutinas diarias. Como dijo Robert Collier: "El éxito es la suma de pequeños esfuerzos repetidos un día tras otro". Y Aristóteles dijo: "Somos lo que hacemos repetidamente. La excelencia, entonces, no es un acto, sino un hábito".

Cuando usted ve a una persona que es autodisciplinada, sabe que ha tomado el tiempo para desarrollar buenos hábitos. Tiene una mentalidad que acepta los beneficios de someterse a la disciplina. Sybil Stanton, autora de *The 25-Hour Woman* (La Mujer de 25 Horas), dijo: "La verdadera disciplina no está sobre nuestras espaldas acribillándonos con imperativos; está a nuestro lado, alentándonos con incentivos. Cuando entendemos que la disciplina se ocupa de sí misma, no se castiga a sí misma, no nos encogeremos al oír su mención, sino que la cultivaremos".[13]

Eso es en realidad la disciplina. No es auto-castigarse. Es auto-cuidarse. No tenemos que hacer un gesto de dolor ante ella porque no está ahí meramente para llenarnos de mandatos, sino está a nuestro lado alentándonos con todos los poderosos beneficios que resultan de ser una persona de disciplina. Si quiere llegar a ser bueno en algo, es porque le da la bienvenida a la disciplina como un medio de poder llegar hasta ahí. Independientemente de qué papel se esté preparando para desempeñar, o hacia qué resultado esté trabajando, la disciplina de desarrollar prácticas positivas le acercará más a su meta.

Los músicos virtuosos no se hacen quedándose sentados y admirando el don de alguien más. Tienen que practicar su arte día tras día, hora tras hora. Se puede detectar fácilmente la diferencia entre un profesional que ha aplicado tiempo y disciplina a su talento, y un aficionado que meramente juguetea con su talento. Puede que haya escuchado la historia sobre el individuo que oyó tocar a un virtuoso y después dijo: "¡Daría mi vida por poder tocar así!". El músico respondió: "Yo di mi vida, ocho horas al día durante cuarenta años, ¡practicando!". A veces usted puede saber cuán hambriento está de algo, por lo que está dispuesto a dejar, a fin de obtenerlo.

---

13. Sybil Stanton, *The 25-Hour Woman* (New York: Bantam, 1990).

CÓMO SE DESARROLLAN LOS HÁBITOS

La mayoría de las personas desarrollan hábitos, tanto positivos como negativos, mediante un proceso más bien inconsciente. Ese proceso sigue lo que bosqueja Shad Helmstetter en su clásico libro *What to Say When You Talk to Your Self* (Qué Decir Cuando Conversa con Usted Mismo):

En progresión lógica, lo que creemos determina nuestras actitudes, afecta nuestros sentimientos, dirige nuestra conducta, y determina nuestro éxito o fracaso.

1. *La programación crea creencias.*

2. *Las creencias crean actitudes.*

3. *Las actitudes crean sentimientos.*

4. *Los sentimientos determinan acciones.*

5. *Las acciones crean resultados.*[14]

Resumiré los puntos de Helmstetter a medida que exploremos esas afirmaciones en relación con el hábito.

NUESTRA "PROGRAMACIÓN" ESTABLECE NUESTRAS CREENCIAS

Todo comienza con nuestro modo de pensar sobre nosotros mismos y sobre la vida, con cómo ha sido "programada" nuestra mente para pensar.

Lo que hemos aceptado desde el mundo exterior, con lo cual nos hemos alimentado, ha iniciado una secuencia de reacción natural de causa y efecto que nos conduce hacia un manejo exitoso de nosotros mismos, o hacia un mal manejo fallido de nosotros mismos, nuestros recursos y nuestro futuro.

Es nuestra programación la que establece nuestras creencias, y comienza la reacción en cadena.[15]

Aunque todos reaccionamos de diferentes maneras a las personas y circunstancias que hay en nuestras vidas, estas influencias pueden tener un

---

14. Shad Helmstetter, Ph.D. *What to Say When You Talk to Your Self*, rev. ed (New York: Gallery Books [Simon & Shuster, Inc.], 2017), pp. 52–53. Cursivas en el original.

15. Ibid, p. 52.

efecto importante en las filosofías e ideologías que aceptamos y, por lo tanto, los hábitos que formamos en la vida. Nuestras creencias pueden estar programadas por alguno o todos de los siguientes puntos:

- Las personas que nos rodean y que son modelos y ejemplos para nosotros, particularmente mientras estamos creciendo. Por ejemplo, si un niño se cría en un hogar donde la madre o el padre tienen mal genio, con frecuencia está programado para reaccionar con enojo siempre que se sienta frustrado, asustado o confundido.

- Las palabras que nos dicen, en particular de modo repetitivo. Podríamos formar hábitos basados en ideas sobre nosotros mismos que son reforzadas continuamente por las palabras de una persona de influencia en nuestra vida, sean esas palabras "¡Tienes un gran potencial!" o "¡Eres un don nadie!".

- Las maneras en que las personas nos tratan. Podríamos desarrollar hábitos positivos o negativos basados en si somos tratados con respeto, desdén o apatía.

- Las expectativas de nuestra cultura de actuar o vernos de una manera específica, o valorar ciertas cosas. Por ejemplo, podríamos aceptar una idea cultural subyacente que dice que el estilo es más importante que la sustancia para avanzar en la vida y, por lo tanto, desarrollar hábitos que refuercen esa perspectiva.

- Los mensajes de los medios de comunicación que absorbemos, como televisión, radio, redes sociales, libros o revistas. Si vemos que "todo el mundo" en las redes sociales realiza una actividad en particular o piensa de cierta manera, podríamos establecer el hábito de hacer lo mismo.

- Cómo absorbemos, asimilamos y aplicamos la suma total de nuestro aprendizaje y nuestras experiencias en la vida.

Puede que hayamos sido programados de tal modo que manejemos mal solamente un área de nuestras vidas, varias áreas, o la mayoría de las áreas. Por eso una persona podría ser exitosa en su carrera profesional, pero no en sus relaciones, o viceversa.

¿De qué maneras han influenciado estos diversos elementos sus propios hábitos de vida? Como destaca Shad Helmstetter, respondemos a la vida basándonos en lo que pensamos. La creencia no requiere que algo sea cierto; solamente requiere que creamos que es cierto. De este modo, lo que una persona piensa sobre los acontecimientos puede ser mucho más importante que los acontecimientos en sí.[16] Así es como una mentira puede convertirse para una persona en una verdad asumida. Stephen Covey dijo: "El modo en que vemos el problema es el problema". Por lo tanto, debe tener cuidado con cuáles son las creencias que formula y acepta, reconociendo cómo afectan a sus acciones, incluidos sus hábitos diarios, porque aquello en lo que pensamos es aquello que generamos.

AQUELLO EN LO QUE PENSAMOS ES AQUELLO QUE GENERAMOS.

NUESTRAS CREENCIAS CREAN NUESTRAS ACTITUDES

El modo en que hemos sido programados determina nuestro sistema de creencias, y nuestras creencias después controlan nuestras actitudes. Nuestras actitudes son las que deciden nuestro estado de ánimo.

Las actitudes defectuosas son como una llanta desinflada. No irá usted a ninguna parte hasta que la arregle. Algunas personas no pueden cambiar sus vidas simplemente porque no arreglan sus actitudes. William James, uno de los psicólogos más pragmáticos que he leído jamás, escribió: "Los seres humanos, al cambiar las actitudes internas de sus mentes, pueden cambiar los aspectos externos de sus vidas". Salomón dijo algo muy parecido cuando escribió: *"Porque cual es su pensamiento en su corazón, tal es él".*[17]

En cierto sentido, hay cosas que su corazón sabe y de las que su cabeza no sabe nada. Por lo general, gravitamos hacia cualesquiera deseos que estén guardados secretamente en nuestro corazón. Si tiene un empleo en

---

16. Ibid, p. 50.
17. Proverbios 23:7.

particular, pero en su corazón anhela secretamente tener un empleo distinto, probablemente terminará en ese empleo distinto. Es más importante donde su corazón está que donde su cuerpo está.

Creo que la diferencia entre pensar con la cabeza y pensar con el corazón tiene que ver con la profundidad. El pensamiento más profundo sucede en el corazón, y por eso necesitamos comenzar a prestar atención a los pensamientos de nuestro corazón, particularmente porque influencian nuestros hábitos.

NUESTRAS ACTITUDES CREAN NUESTROS SENTIMIENTOS

Nuestras actitudes afectan nuestros sentimientos hacia nosotros mismos, nuestros padres, nuestro cónyuge, nuestros compañeros de trabajo, nuestras habilidades, nuestro potencial, y todo lo demás en la vida. Si tenemos la actitud de que el mundo está contra nosotros, eso puede conducir a sentimientos de enojo, resentimiento y desaliento. Si tenemos la actitud de que nos han ofendido, pero no vamos a permitir que eso evite que seamos felices y que cumplamos nuestro propósito, entonces podemos alimentar sentimientos positivos de amor y esperanza, a la vez que construimos una vida buena y productiva.

NUESTROS SENTIMIENTOS DETERMINAN NUESTRAS ACCIONES

Cuando caemos en perspectivas y emociones negativas, eso puede conducirnos a conductas negativas si no hemos aprendido a resistir la tentación de actuar meramente según nos sentimos. Por ejemplo, quizá fuimos abandonados por nuestros padres a temprana edad, y nuestras necesidades emocionales no fueron satisfechas. Como resultado, nuestros sentimientos heridos hacen que intentemos satisfacer esas necesidades de maneras autodestructivas. Así es como muchas personas desarrollan adicciones.

Los sentimientos a menudo hacen que nos resulte difícil romper malos hábitos y ser coherentes en desarrollar buenos hábitos. En la mayoría de las personas, si no tienen ganas de hacer algo, no se hará. Y sin importar cuán buenas sean nuestras intenciones, hay algunos días en que no tenemos ganas de hacer algo que deberíamos hacer. Tenemos que desarrollar la práctica de hacer lo que es mejor para nosotros sin importar cómo nos sintamos. Se requiere determinación y madurez para seguir adelante cuando no estamos motivados para hacer algo.

> "PRIMERO FORMAMOS NUESTROS HÁBITOS,
> Y DESPUÉS NUESTROS HÁBITOS NOS
> FORMAN A NOSOTROS".
> —JOHN DRYDEN

Ya que los sentimientos vienen de las actitudes, cuando cambiamos nuestras actitudes podemos alterar nuestros sentimientos y, por consiguiente, nuestra conducta. Por ejemplo, si yo amo a alguien y tengo una relación con esa persona, mi compromiso hacia ella (no solo mis "sentimientos" de amor) hará que haga lo que es mejor para esa persona, incluso si no tengo "el ánimo" para hacerlo. Por eso una madre se levantará en mitad de la noche para ocuparse de un niño enfermo incluso cuando está agotada y quizá enferma ella misma. Ella es abnegada porque ha adoptado la actitud de que eso es lo que hace una madre cuando ama a su hijo, y esa actitud le motiva a actuar.

Pregúntese: "¿Cómo influyen mis sentimientos en mis acciones, o en mi falta de acción?". Piense en varias situaciones de la vida, y para cada situación responda estas preguntas: "Cuando sucede _____, ¿cómo me comporto generalmente? ¿Qué está motivando mi conducta? ¿Cuáles han sido los resultados de mi conducta?".

NUESTRAS ACCIONES O INACCIONES CREAN RESULTADOS

Finalmente, los resultados en nuestras vidas son en gran parte la acumulación de las acciones que tomamos y las acciones que no tomamos. Si no sembramos buenas semillas, no podemos esperar una buena cosecha. Además, podemos hablar sobre algo todo lo que queramos, pero son las acciones las que producen resultados.

LOS BUENOS HÁBITOS NOS SIRVEN; LOS MALOS HÁBITOS NOS DOMINAN

Tenga en mente que el proceso que acabamos de ver puede dar resultados positivos o negativos, dependiendo de las creencias que hayamos aceptado y practicado. Este es el proceso mediante el cual ganar o perder ha quedado establecido en las diversas áreas de nuestras vidas. Si alguien ha seguido un camino predominantemente negativo en línea con este patrón, puede que haya intentado romper malos hábitos en el pasado, pero probablemente haya fracasado en el intento. Es como si siguiera agarrando la escoba y quitando las telas de araña que hay en su vida, pero nunca se ocupa de la araña, o de las falsas creencias que han conducido a sus sentimientos y acciones negativos. Si quitamos la tela de araña, pero dejamos intacta a la araña, entonces la araña formará otra tela.

Nathaniel Emmons dijo: "El hábito es el mejor de los sirvientes o el peor de los amos". Cuando tenemos un buen hábito, es un sirviente maravilloso, pero cuando tenemos un mal hábito, es un amo terrible. Los hábitos erróneos son debilitantes porque en el peor de los casos, nos mantienen estancados, y en el peor de los casos, nos dirigen hacia la destrucción. No podemos crecer o progresar si estamos dominados por hábitos erróneos.

Como mencioné al principio del capítulo, el proceso mediante el cual desarrollamos hábitos es inconsciente, por lo general. Pero podemos cambiar eso prestando más atención al modo en que se han formado nuestros hábitos, y siendo más intencionales con respecto a desarrollar hábitos positivos. Algunos psicólogos creen que hasta el 95 por ciento de nuestra conducta se forma mediante el hábito. Necesitamos aprender a *escoger* nuestros hábitos, porque nuestros hábitos conducen a nuestro futuro. Viviremos la vida por diseño o por defecto. Vivir por defecto no solo no nos llevará a donde queremos ir, sino es también insatisfactorio y frustrante.

En general, no es que las personas exitosas sean mucho más talentosas que otras o tengan una naturaleza considerablemente diferente. Es tan solo que la mayoría de ellas tienen mejores hábitos. Sus hábitos las forman. Confucio dijo: "Las naturalezas de los hombres son semejantes, pero son sus hábitos lo que los separan". Como la mayoría de las personas, las personas exitosas no siempre tienen ganas de levantarse temprano, pero han desarrollado el hábito de levantarse temprano a fin de perseguir su propósito con pasión, lo que les permite hacer progresos continuamente hacia cumplirlo. No siempre tienen ganas de trabajar duro y negarse a sí mismas ciertas cosas, y hacer sacrificios para lograr una meta mayor en el futuro. La diferencia es que tienen el hábito de no hacer lo que "quieren" hacer, sino lo que necesitan hacer.

Al final, crear hábitos ganadores es, en definitiva, sobre formar nuestro carácter. Los hábitos dan forma a nuestro carácter, y nuestro carácter determina nuestro destino. Fyodor Dostoyevsky señaló: "La segunda mitad de la vida de un hombre no está formada por otra cosa sino los hábitos que ha adquirido durante la primera mitad". Si hemos desarrollado algunos malos hábitos hasta este punto en nuestra vida, sus efectos los sentiremos tarde o temprano, a menos que aprendamos a cambiar esos hábitos y desarrollar otros nuevos y positivos. Si hemos desarrollado algunas buenas prácticas, pero queremos construir sobre ellas con prácticas adicionales que nos permitan llegar a ser más fuertes y llegar más lejos, necesitamos conocer más detalles acerca de cómo desarrollar a propósito hábitos positivos. Hablaremos de ambas necesidades en el próximo capítulo.

> CUANDO TENEMOS UN BUEN HÁBITO, ES UN
> SIRVIENTE MARAVILLOSO, PERO CUANDO TENEMOS
> UN MAL HÁBITO, ES UN AMO TERRIBLE.

BENEFICIOS DE UNA VIDA CON SABIDURÍA

+ Desarrollar hábitos positivos nos permitirá ganar en la vida.

+ El éxito se encuentra en las rutinas diarias.

+ Las prácticas positivas nos ayudan a llegar a ser mejores en, y mejores para, nuestro propósito.

+ Los hábitos positivos nos conducen a ser exitosos administradores de nuestras vidas.

+ Un buen hábito es un sirviente maravilloso.

+ Los hábitos dan forma a nuestro carácter, y el carácter determina nuestro destino.

APLICAR LA SABIDURÍA

1. Piense en un hábito positivo que haya formado en su vida. ¿Puede trazar la "programación", creencias, actitudes y sentimientos que le condujeron a desarrollarlo?

2. Ahora piense en un hábito negativo que haya formado. ¿Puede rastrear cómo se desarrolló?

3. ¿Qué piensa de la afirmación: "Los resultados en nuestras vidas son en gran parte la acumulación de las acciones que tomamos y las acciones que no tomamos"? En su experiencia personal, ¿ha demostrado ser cierta esta afirmación? Si así ha sido, ¿en qué aspectos?

6

LA SABIDURÍA CREA HÁBITOS GANADORES, PARTE 2
PRÁCTICAS POSITIVAS PARA EL ÉXITO

"Tan solo podemos convertirnos mañana en aquello
que nos estamos convirtiendo hoy."

A medida que seguimos la vida con sabiduría, podemos hacer un esfuerzo consciente por cultivar buenos hábitos, a la vez que desarraigamos malos hábitos que nos minan e incluso nos plagan. Podemos establecer patrones más fuertes de hacer lo que es positivo, edificante y productivo.

¿Cuándo es el mejor momento para romper un mal hábito? ¡Ahora mismo! Hay un proverbio yiddish que dice: "Es más fácil abandonar los malos hábitos hoy que mañana". ¿Por qué? Porque si esperamos, tendrán otro día para profundizar sus tentáculos un poco más en nuestras vidas. Si decimos: "Voy a dejar de hacer _____ *algún día*", eso no es suficiente porque probablemente nunca sucederá. Thomas Merton dijo: "Debemos tomar las decisiones que nos permitan satisfacer las capacidades más profundas de nuestro verdadero yo".

ROMPA MALOS HÁBITOS Y DESARROLLE BUENOS HÁBITOS

Muchas personas quieren un cambio inmediato, pero tal transformación es más la excepción que la regla. Recordemos que el cambio es un proceso, no un acontecimiento. Dejar un mal hábito o desarrollar un hábito positivo raras veces es instantáneo. Se produce poco a poco. El cambio realmente funciona mejor cuando es un proceso, porque durante el curso de dejar un mal hábito o establecer otro nuevo, desarrollamos los "músculos" necesarios que nos permiten caminar en un patrón sostenido de vida positiva. Esto nos permite continuar avanzando sin volver a caer en la vieja conducta.

Hay maneras específicas en que podemos trabajar hacia el cambio permanente en nuestros hábitos. Los siguientes son los medios mediante los cuales puede establecer prácticas positivas para el éxito, que le capaciten para cumplir su propósito y sus metas en la vida.

HAGA INVENTARIO

En primer lugar, haga un inventario de su vida haciéndose siete preguntas sencillas:

1. ¿Qué he hecho bien en el pasado?

2. ¿Dónde me he equivocado?

3. ¿Qué he aprendido de mis experiencias pasadas?

4. ¿A dónde quiero ir?

5. ¿Qué me llevará hasta allí?

6. ¿Profetiza mi actual rutina diaria que llegaré a mi destino deseado, o que no conseguiré llegar hasta allí?

7. ¿Qué puedo hacer mejor o de modo distinto comenzando desde ahora?

Cuando evalúe sus fracasos, por favor tome aliento, porque nuestros fracasos a menudo nos enseñan mucho más que nuestros éxitos. A pesar de los errores que haya cometido, no fueron en vano si puede aprender algo de ellos. No se trata de: "¿Qué experimenté?", sino más bien de: "¿En qué *crecí* por ello?".

En la Internet hay varias versiones de una lista titulada "Reglas para Ser Humano".[18] Hay cinco reglas de esas listas que se aplican a evaluar dónde estamos en la vida:

+ Aprenderá lecciones.

+ No hay errores, solo lecciones.

+ Si no aprende las lecciones fáciles, se pondrán más difíciles.

+ Una lección que no ha sido aprendida debe repetirse.

+ Sabrá que ha aprendido la lección cuando sus acciones cambien.

Por lo tanto, aprendamos no solo de nuestros éxitos pasados, sino también de nuestras derrotas, y después sigamos adelante. Recuerde: cuando cambia sus hábitos, realmente puede cambiar su destino.

TOME UNA DECISIÓN INTENCIONAL DE CAMBIAR

Tras hacer inventario de su vida, entienda que todo cambio comienza con una decisión. Una decisión de cambiar es un acto de su voluntad, y no una reacción de sus emociones. La razón por la que necesitamos ser intencionales en cuanto a cambiar nuestros hábitos negativos es que el hábito es más fuerte que la razón. Una persona puede saber que no debería hacer algo, pero el hábito le impulsa a hacerlo de todos modos. Tenemos que tomar una decisión definitiva de romper un mal hábito o desarrollar un buen hábito. Hacerlo puede que sea un proceso simultáneo, porque romper un hábito negativo con frecuencia implica sustituirlo por un hábito positivo.

Así, tomamos la decisión de que romperemos el hábito de gastar más dinero del que ganamos, o de tener envidia a otras personas, o de mentir o murmurar, o de consumir drogas o alcohol, o cualquier otra práctica negativa. Tomamos la decisión consciente de descartar la manera anterior, y comenzar a actuar de manera diferente con una nueva conducta. De igual manera, para desarrollar un buen hábito como el de tomar cierta cantidad de tiempo cada día o cada semana para construir un nuevo negocio, escribir un libro, hacer ejercicio, u organizar nuestra oficina, tomamos la decisión

18. "Diez Reglas para Ser Humano" se atribuyen a Chérie Carter-Scott, coach y consultora empresarial. Fueron publicadas en el original *Sopa de Pollo para el Alma* y después ampliadas en *If Life Is a Game, These Are the Rules* (Si la vida es un juego, estas son las reglas) (New York: Penguin Random House: 1998) de Carter-Scott. Tres de las "reglas" incluidas en este capítulo se encuentran en su lista.

intencional de incorporar ese nuevo hábito a nuestra vida. Para ser realmente exitosos en desarrollar un hábito y aferrarnos a nuestra decisión, deberíamos escoger un hábito sencillo y construir desde ahí.

Tomar decisiones concretas acerca de nuestra mentalidad y nuestra conducta es la manera de construir prácticas positivas en nuestra vida. La palabra *decisión* proviene del latín *decidere*, que significa literalmente "cortar". Por lo tanto, recuerde que en cualquier momento que tome una decisión, significa que corta otras opciones o caminos, a fin de seguir la nueva opción o camino.

"SI DEJAMOS NUESTRA VIDA A LA POSIBILIDAD, LA
POSIBILIDAD ES QUE FRACASAREMOS".[19]
—SHAD HELMSTERTTER

HÁGALO POR USTED MISMO, NO PARA IMPRESIONAR O APACIGUAR A LOS DEMÁS

Tenga cuidado de no dejar un mal hábito o desarrollar un buen hábito para impresionar o apaciguar a otra persona. Usted no cambia por otras personas, aunque su cambio puede que les beneficie a ellos. ¿Por qué? Si no lo hace por usted mismo, el cambio probablemente no perdurará, y puede que sienta resentimiento hacia la persona por la cual intentó cambiar. Incluso si el cambio se establece, la otra persona podría no apreciar sus esfuerzos, y usted podría desalentarse y rendirse debido a la falta de afirmación por parte de esa persona. Además, si desarrolla un hábito por causa de otra persona, puede que siempre sienta que la otra persona le debe algo. Por lo tanto, hágalo por usted mismo. Usted es quien obtendrá el mayor beneficio de hacerlo, siendo transformado en el proceso.

DESARROLLE UN PLAN

Una vez tomada la decisión de cambiar algo en su vida por causa de usted mismo, necesita un plan claro para llevarla a cabo. Es ahí donde puede

---

19. *What to Say*, p. 45.

incorporar algunos principios de planificación del capítulo "La Sabiduría Planifica con Antelación". El cambio no se producirá simplemente porque usted diga: "¡El año próximo va a ser mi año!". No se consigue solo con lo que usted dice. Ese es el comienzo, porque necesita declarar sus intenciones, pero también debe tener un plan específico. Por ejemplo, si quiere llegar a ser más responsable fiscalmente, necesita un plan para establecer un presupuesto y reducir la deuda.

Hay muchos recursos en forma impresa o electrónica para ayudarle en los detalles de desarrollar un plan financiero. O si quiere perder peso, necesita coordinar un programa de dieta y ejercicios, consultando con su médico o con otro profesional de la salud al comenzar y continuar el proceso.

ESTABLEZCA METAS ALCANZABLES

Después, establezca metas alcanzables basadas en su plan, y que puedan medirse. Podemos desalentarnos fácilmente si intentamos emprender algo que nos resulta demasiado grande para lograrlo, o si no supervisamos nuestro progreso. De nuevo, comience con pequeñas metas y trabaje hacia otras más grandes. Por ejemplo, si nunca ha tenido el hábito de correr como forma de ejercicio, pero quiere desarrollar esa habilidad, no debería esperar inmediatamente salir y correr como el corredor olímpico Usain Bolt. Necesitamos dar pasos pequeños, pero significativos, hacia el éxito. Los chinos tienen un dicho: "No tenga miedo a ir más lento; tenga miedo a quedarse quieto".

Al establecer metas, utilice el plan de metas inteligentes. Eso significa desarrollar metas que sean medibles, específicas, de tiempo definido, alcanzables, y sensatas.

1. *Las metas deben ser medibles.* Decida qué medida utilizará para supervisar su progreso, y la frecuencia con la cual evaluará ese progreso.

2. *Las metas deben ser específicas.* Si no es específica, no es una meta. Usted no dice: "Voy a perder algo de peso". ¿Cuánto peso? ¿Diez, veinte, treinta kilos? Si no establece una meta definida, no sabrá si la ha alcanzado o no.

3. *Las metas deben ser a tiempo definido.* Tener en mente un marco de tiempo específico nos permitirá cambiar un hábito o desarrollar un nuevo hábito, en lugar de tan solo "esperar" hacerlo. Si no le damos a una meta un

marco de tiempo definido, probablemente no se producirá. Usted tiene que decidir cuándo comenzará a trabajar en la meta, y cuándo planea completarla. Las metas siempre pueden revisarse debido a acontecimientos inesperados, nuestro nivel de madurez, el conocimiento que obtenemos, las oportunidades que llegan a nuestro camino, y el índice actual de nuestro progreso.

4. *Las metas deben ser alcanzables por usted mismo.* No debe establecer una meta que no pueda lograr personalmente (aunque no se menosprecie). No necesitamos intentar lograr algo que sea el propósito y la visión de otra persona, pues terminaremos fracasando y preguntándonos qué sucedió. Por lo tanto, busque lo que sea alcanzable para usted, para quien es usted y para lo que está diseñado. Regresamos al propósito: el propósito en su corazón le ayudará a guiarle a la hora de determinar sus capacidades a largo plazo.

5. *Las metas deben ser sensatas o realistas.* Esto puede parecer una repetición del número tres, pero permítame darle un ejemplo de la diferencia entre algo que es alcanzable y algo que es sensato o realista. A mitad del siglo XX, cuando la humanidad decidió viajar a la luna, esa era una meta alcanzable porque estábamos desarrollando la capacidad de hacerlo mediante el conocimiento y la tecnología disponibles. Antes de esa época, la idea habría parecido ciencia ficción. A principios de la década de 1960, la Unión Soviética envió al primer hombre al espacio, y América siguió no solo poniendo nombres en el espacio, sino también enviando a hombres a la luna en el 1969. La meta era alcanzable, pero no habría sido sensato ni realista intentar llevar a un hombre a la luna después de tan solo dos semanas de investigación de los viajes espaciales. Y no habría sido realista que América intentara enviar astronautas a la luna antes de realizar vuelos preliminares en los cuales astronautas orbitaron la tierra.

PARA CAMBIAR SU MANERA DE VIVIR, TIENE QUE CAMBIAR SU MANERA DE DECIDIR.

Al determinar si una meta es sensata, entonces, hacemos lo mejor que podemos con el conocimiento y la experiencia que tenemos. Bien podemos terminar superando lo que inicialmente parece realista para nosotros y para los demás, pero necesitamos comenzar en alguna parte.

RESISTA MÁS ALLÁ DE LA INCOMODIDAD Y EL DOLOR INICIALES

A fin de mantener el proceso de cambio mientras edificamos el nuevo hábito o descartamos el anterior, necesitamos empujar más allá de la incomodidad y el dolor iniciales. Esto se hace más fácil con el tiempo. La mayoría de las personas no entienden que cuando buscamos el cambio, a menudo hay un umbral de incomodidad que superar para obtener la victoria. Desgraciadamente, muchos individuos se quedan en un nivel más bajo en la vida porque se rinden demasiado pronto. Puede que estén cansados emocionalmente o físicamente y, por lo tanto, no siguen adelante. Tenemos que darlo todo en nuestro primer impulso porque hay un segundo impulso en nosotros, pero no llegaremos a ese segundo impulso a menos que lo demos todo utilizando el primero.

Con frecuencia se da el caso de que no creceremos más allá del nivel de dolor que estemos dispuestos a tolerar. Debemos llegar al punto en que podamos decir: "Sé que es incómodo para mí (levantarme más temprano, trabajar más, seguir experimentando para encontrar una solución), pero estoy dispuesto a soportar la incomodidad". Cuando tenemos una gran pasión por un propósito o un meta, damos todo lo que tenemos, incluso llegamos a estar a punto rendirnos. Y justamente en ese punto es donde con frecuencia obtenemos ese segundo impulso.

Por lo general, la parte más difícil del viaje es cuando estamos en primera marcha y batallando por subir la colina. Cuando cambiamos a segunda, se vuelve un poco más fácil; cuando pasamos a tercera, comenzamos a despegar; y cuando metemos la cuarta, realmente estamos en una zona de crucero. ¡No se rinda mientras esté solamente en primera marcha!

LA PARTE MÁS DIFÍCIL DEL VIAJE ES CUANDO ESTAMOS EN PRIMERA MARCHA. SE VUELVE MÁS FÁCIL A MEDIDA QUE OBTENEMOS IMPULSO.

ENFOCARSE EN LAS RECOMPENSAS

De modo similar, en medio del cambio es fácil querer regresar a patrones viejos y negativos, pero debemos mirar más allá de la autogratificación y el placer inmediato. Por ejemplo, si está levantando un negocio, tendrá que hacer ciertos sacrificios con su tiempo. Siempre habrá oportunidades de emplear tiempo en cosas secundarias. Esas otras cosas no son necesariamente equivocadas, pero si las hace, puede que no llegue a su meta. O supongamos que está en la segunda semana de un programa de ejercicio y le duelen los músculos, y preferiría quedarse sentado y ver televisión en lugar de salir a dar un paseo rápido. Tiene que tener en mente las recompensas de tener un cuerpo más sano y más delgado para mantenerse motivado.

Recuerde siempre enfocarse en el resultado de su diligencia. Enumere los beneficios de romper el hábito negativo o establecer la práctica positiva. Puede que sea la recompensa de un negocio próspero establecido, un cuerpo más sano, una vida más organizada, una nueva habilidad aprendida, un título logrado, o un proyecto completado. Hágase la pregunta: "Si sigo en esto, ¿qué sucederá?". Entonces pregúntese: "Si no sigo en esto, ¿qué sucederá?".

MATE DE HAMBRE EL MAL HÁBITO

En esencia, cuando queremos romper un mal hábito tenemos que "matarlo de hambre". Por ejemplo, mi esposa tenía una "adicción" al chocolate, así que se mantuvo alejada del chocolate durante un año entero. Algunos hábitos son cuestión de grados. No es que ella nunca más volvió a comer chocolate, pero rompió la tenaza del hábito para que este no controlara sus actitudes o su conducta, o para no sobrepasarse.

Para parafrasear un proverbio muy conocido, vencer hábitos negativos es, en gran parte, el resultado de resistir la tentación. La tentación es una provocación a hacer o ser algo que está fuera de nuestro carácter o sistema de creencias. Pero la tentación es temporal, lo cual significa que si podemos superarla, podemos evitar sucumbir a ella. Yo encuentro aliento en esta afirmación de Pablo, el escritor del Nuevo Testamento: *"No os ha sobrevenido ninguna tentación que no sea humana; pero fiel es Dios, que no os dejará ser tentados más de lo que podéis resistir, sino que dará también juntamente con la tentación la salida, para que podáis soportar".*[20]

20. 1 Corintios 10:13.

No queremos llegar a estar dominados por lo que se denomina "el principio del placer"; seguir permitiéndonos algo solamente porque nos sentimos bien, a la vez que permitimos que nos haga daño o impida nuestro progreso. Para usar un ejemplo sencillo, para vencer el hábito de dormir demasiado, primero tenemos que resistir la tentación de pulsar el botón de pausa y volver a dormir. Matamos de hambre ese hábito negativo levantándonos en cuanto suena el despertador, y comenzando bien nuestro día.

LA TENTACIÓN ES UNA PROVOCACIÓN A HACER O SER ALGO QUE ESTÁ FUERA DE NUESTRO CARÁCTER O SISTEMA DE CREENCIAS.

Recuerde que siempre va a enfrentarse a tentaciones para desviarse del rumbo. Por lo tanto, cuando esté listo para romper una práctica negativa o para establecer una práctica ganadora en su vida, espere ser tentado a hacer lo contrario. Una de las armas más poderosas de la tentación es la sorpresa. No estábamos listos para eso cuando apareció. No anticipamos que nos apartaría de nuestro plan o meta. De modo que aprenda a esperar la tentación, y a mantenerse alerta a los ataques sorpresa. Comprométase de antemano a resistir cualquier tentación que obre en contra de su propósito. Tenemos que mantener nuestro deseo de cambio y nuestra determinación a continuar con el proceso, reconociendo que la tentación es solamente temporal.

SUSTITUIR EL MAL HÁBITO POR OTRO BUENO

Como mencioné anteriormente, para romper un hábito negativo, a menudo necesitamos cambiar una mala práctica por otra buena, o una neutral. Por ejemplo, cuando algunas personas están en el proceso de dejar de fumar, mastican goma de mascar como un sustituto hasta que vencen su adicción a la nicotina.

Podemos ser más exitosos al hacer este intercambio de prácticas, recordándonos a nosotros mismos que nuestro hábito negativo puede estar impulsado por asuntos no resueltos en nuestra vida. Siempre que experimentemos estrés, frustración, confusión o ansiedad, podríamos vernos tentados fuertemente a regresar a un hábito o adicción negativa porque tiene un efecto anestésico o suavizante sobre nosotros. Puede que nos calme temporalmente, pero tan solo apaga o distrae nuestros sentimientos en lugar de resolverlos. Se remonta a cómo se forman los hábitos y la poderosa influencia de nuestros sentimientos. Es esencial determinar con antelación qué respuestas positivas mostraremos cuando sintamos estrés y ansiedad. En lugar de ceder a los malos sentimientos y al hábito negativo, podemos decidir dar un paseo, llamar a un amigo, orar, leer un artículo inspirador, o hacer alguna otra cosa que sea constructiva y alentadora. Además, nuestros malos hábitos pueden provenir de pasar tiempo con quienes practican ese mismo mal hábito. Necesitamos tener en mente que para cambiar un mal hábito, puede que tengamos que cambiar algunas de nuestras relaciones, un tema que exploraremos más adelante en capítulos posteriores.

CONSIGA LA AYUDA DE OTROS

No intente formar un nuevo hábito a solas. Una ventaja increíble llega a su vida cuando consigue que otra persona le ayude o le aliente. Escuché de un experimento interesante que apoya esta idea. Los investigadores hicieron que personas metieran sus pies descalzos en agua helada para ver cuánto tiempo podían soportar. No pudieron soportarlo por mucho tiempo. Pero entonces, los investigadores llevaron a un amigo para cada persona, que les alentara mientras sus pies estaban en el agua helada. Cada uno de los participantes fue capaz de mantener sus pies en el agua al menos el doble de tiempo, con el aliento y la presencia de un amigo que cuando lo hicieron solos.

Cuando nos alineamos con otros en cualquier esfuerzo, los resultados por lo general aumentan e incluso pueden ser exponenciales. Por eso es sabio tener a un amigo o mentor que le apoye cuando esté usted desarrollando un nuevo hábito. De manera similar, cuando estamos desmantelando un mal hábito, a menudo resulta útil encontrar un ejemplo a seguir, alguien con quien poder conectar, y que haya logrado exitosamente lo que deseamos hacer. Con frecuencia podemos sentirnos como un excéntrico, como si fuéramos la única persona que batalla con un problema en particular. Independientemente de lo que estemos tratando, otros han enfrentado lo mismo o algo parecido. Podemos inspirarnos en la esperanza cuando sabemos cómo lo ha vencido otra persona. Un ejemplo a seguir no tiene que ser alguien a quien conozcamos personalmente; podría ser alguien de quien leemos en un libro o a quien seguimos en un blog en la Internet. Y recuerde: hayan pasado otras personas por la misma experiencia o no, a veces es suficiente con tener un amigo a nuestro lado, como vimos en el experimento con el agua helada.

Siempre que yo necesito romper un hábito negativo o construir un hábito positivo, acudo a Dios como mi mayor Amigo y apoyo. Le pido ayuda diariamente, diciendo: "Dios, sé que no puedo hacer esto yo solo. Necesito tu fortaleza y tu sabiduría para que cuando sea débil, tú seas fuerte en mí. Ayúdame a no regresar a este viejo hábito, y ayúdame a perseverar para desarrollar este nuevo hábito". Nuestro Creador nos ha formado para tener éxito; estamos constituidos para la excelencia, y podemos confiar en la ayuda de Él.

HÁGALO DIVERTIDO

Siempre que desmantele un viejo hábito o desarrolle un nuevo hábito, no permita que el proceso se vuelva tedioso y aburrido; encuentre una manera de incorporarle alegría y diversión. Hace años, trabajé en el almacén de Bronner Brothers, y había veces en que llegaban cargamentos inmensos y teníamos muchas cajas que descargar del camión. Era un trabajo duro, pero lo hacíamos silbando y cantando, y eso hacía que las cosas fueran más fáciles y más rápidas. Hay maneras sencillas, pero eficaces, de llevar alegría al proceso de romper malos hábitos y cultivar hábitos positivos. Sea creativo.

ANOTE Y CELEBRE SU PROGRESO

El cambio raras veces ocurre de la noche a la mañana. Ya que toma tiempo desarrollar nuevos hábitos, es útil anotar su progreso según las metas que haya establecido. Podría mantener un breve registro de su avance o mejora, o escribir sus pensamientos y sentimientos en un diario mientras realiza el proceso. Por ejemplo, podría ser útil anotar cómo se sintió cuando regresó temporalmente a su mal hábito, y cómo pudo volver al camino correcto; o cómo se sintió cuando resistió exitosamente el impulso a rendirse.

Al medir su progreso, recompense su mejora por pequeña que sea. Encuentre un modo de celebrar sus victorias, incluso si es meramente poniendo una marca en su calendario por cada día en que trabaja hacia su meta. Siempre es alentador poder decir: "He tenido otra (semana, mes) exitosa en (construir este negocio, mejorar esta relación, hacer progreso en este proyecto, hacer ejercicio regularmente)". Marque hitos importantes a lo largo del camino a medida que desarrolla su hábito.

ESTABLEZCA UNA POLÍTICA DE "NO EXCEPCIONES"

El autor y orador Jim Rohn dijo: "La motivación es lo que nos hace comenzar. El hábito es lo que nos hace avanzar". Una vez establecido un hábito, aférrese a su decisión y mantenga el cambio mediante la consistencia. Siempre tendrá la tentación de decirse a usted mismo: *Mira lo lejos que has llegado. Déjalo pasar esta vez.* Sin embargo, establezca una política de "no excepciones". Cuanto más se resista a dejar un nuevo hábito o a regresar a un viejo hábito, más fuerte llegará a ser. Cuanto más ceda, más débil llegará a ser.

Además, un viejo hábito resurgirá a veces incluso después de que creyó que estaba completamente conquistado. No permita que eso le desaliente. Cada recaída es una oportunidad de volver a evaluar dónde está, mejorar y crecer. Nunca es demasiado tarde para cambiar o renovar su compromiso al cambio.

"LOS MALOS HÁBITOS SON MÁS FÁCILES DE ABANDONAR HOY, QUE MAÑANA".

UN PLACER Y UN DELEITE

No nos engañemos: romper un viejo hábito o desarrollar uno nuevo puede ser desafiante. Pero las guías anteriores le ayudarán a establecer prácticas ganadoras en su vida. Puede construir hábitos positivos que beneficiarán no solo a usted mismo, sino también a quienes están en su hogar, su lugar de trabajo, su comunidad y su nación. Cuando comience parecerá un trabajo duro, pero si persevera, los resultados e incluso el proceso se convertirán en un placer y un deleite.

BENEFICIOS DE UNA VIDA CON SABIDURÍA

+ Desmantelar hábitos negativos y desarrollar hábitos positivos apoya nuestros esfuerzos para cumplir nuestro propósito en la vida.

+ Cuando cambiamos nuestros hábitos, cambiamos nuestro destino.

+ Establecer metas nos permite lograr el éxito progresivamente.

+ Construir hábitos positivos puede beneficiarnos no solo a nosotros mismos, sino también a quienes están en nuestro hogar, lugar de trabajo, comunidad y nación.

APLICAR LA SABIDURÍA

1. Haga inventario de su vida según las guías en este capítulo. ¿Cuáles son sus fortalezas y debilidades? Determine en qué áreas necesita romper hábitos negativos, y desarrollar hábitos positivos.

2. Escoja un pequeño hábito para desmantelar o desarrollar, y comience a seguir los pasos para cambiar.

3. Anote su progreso, celebrando sus logros, tanto pequeños como grandes.

7

LA SABIDURÍA DESARROLLA RELACIONES CLAVE, PARTE 1
EL PODER DE LA INFLUENCIA

"Aquellos quienes más nos influencian reflejan
cuál será nuestro futuro."

Además de nuestros hábitos diarios, la calidad de nuestras relaciones contribuye de modo significativo a nuestro éxito o fracaso. Dependiendo de con qué personas escojamos pasar tiempo, nuestra vida puede ser un cielo, o un infierno, en la tierra. No me estoy refiriendo solamente a tomar decisiones sabias sobre escoger un cónyuge, a pesar de lo esencial que es eso. Hablo sobre utilizar la sabiduría con respecto al amplio abanico de nuestras relaciones, incluidos nuestros amigos, compañeros, asociados, mentores, compañeros de organizaciones, consejeros, y otras relaciones y conexiones.

Probablemente conozca a algunos niños que nunca se encontraron con ningún desconocido, pues se acercarán a cualquiera porque son amigables por naturaleza. Esta cualidad de la inocencia es positiva en muchos aspectos, pero también puede ser un lado negativo porque los sitúa en riesgo con personas cuyas motivaciones están lejos de ser buenas. Igualmente, no podemos permitirnos ser indiscriminados en nuestras relaciones. Con frecuencia, aquellos cuyas vidas han seguido una espiral descendente pueden trazarlo hasta alguien en sus vidas que les condujo por un camino inútil o destructivo; alguien con quien, en retrospectiva, desearían no haberse relacionado nunca. Por el contrario, aquellos cuyas vidas han mejorado en aspectos significativos, en general pueden trazarlo hasta alguien en sus vidas que les levantó, y les mostró lo que podían llegar a ser.

LA CALIDAD DE NUESTRAS RELACIONES HACE UNA DIFERENCIA SIGNIFICATIVA EN NUESTRO ÉXITO O FRACASO.

"LA LEY DEL CÍRCULO ÍNTIMO"

"La ley del círculo íntimo", que John Maxwell describe en su libro *Las 21 Leyes Irrefutables del Liderazgo*, dice que los que están más cerca de usted determinan su nivel de éxito. Maxwell nos recuerda que hay cuatro tipos de personas en el mundo: las que nos añaden, las que nos restan, las que nos multiplican, y las que nos dividen. Necesitamos estar cerca de individuos que nos añadan y nos multipliquen, a la vez que nos retiramos de individuos que nos restan y nos dividen.

Debemos considerar con atención estas ideas porque comenzaremos a movernos en la dirección de las personas cuya compañía mantenemos. ¿Qué tipo de compañías mantiene usted? Además de su familia inmediata, piense en sus mejores amigos, asociados y consejeros que tienen la mayor influencia sobre usted. Piense en dónde están ellos en la vida o hacia dónde van, porque bien podrían estar proyectando su propio futuro. Usted puede detectar la intención o el propósito de algo basándose en el camino por el que comienza a moverse en la vida. ¿Hace su relación con esos individuos que usted suba o baje, que avance o retroceda? ¿Son las relaciones positivas o negativas? Antes de comprometerse a una relación o una asociación, necesita hacerse la pregunta: ¿Hacia dónde va esta persona, y es ese destino al que sinceramente quiero ir?

CUIDADO CON LAS RELACIONES MEZCLADAS

Si frecuentemente se encuentra dando dos pasos hacia delante y un paso hacia atrás en la vida, puede que sus relaciones estén mezcladas: algunas de sus relaciones son positivas y le hacen avanzar, pero otras son negativas y le hacen tener reveses. En cuanto toma la delantera en un área, termina retrocediendo en otra, y parece que nunca puede adelantar. No podemos cumplir nuestro llamado si tenemos asociaciones mezcladas. Nuestro éxito estará dividido y limitado.

HAY CUATRO TIPOS DE PERSONAS EN EL MUNDO:
LAS QUE NOS AÑADEN, LAS QUE NOS RESTAN,
LAS QUE NOS MULTIPLICAN, Y LAS QUE NOS DIVIDEN.

Algunas personas se enfocan meramente en superficialidades. Pero las personas que son las más realizadas, y también las más felices y sanas con quienes estar, son quienes se entregan a un propósito. Si usted no está tan comprometido con su propósito como solía estar, y sus motivaciones se han vuelto más egoístas, eso es con frecuencia una señal de que ha permitido que haya relaciones mezcladas en su vida. Cuídese de quienes comienzan a robarle su identidad.

Podemos avanzar hacia un nivel de vida más elevado cuando nos relacionamos con personas que viven intencionalmente; que viven sus vidas a propósito, con propósito, y para un propósito. Cuando tales personas tienen influencia en nuestras vidas, nos volvemos más enfocados en nuestro propio llamado y menos egocéntricos. Dejamos de pensar: "¿Qué hay en esto para mí?" o "¿Cuánto voy a sacar yo?", y más bien pensamos: "¿Qué es lo mejor para mi (familia, organización, comité)? ¿Cómo podemos todos avanzar y tener éxito juntos?". Si siempre se trata tan solo de nosotros, nunca seremos capaces de llegar a ese lugar maravilloso de entender y vivir según nuestro propósito.

Puede que haya veces en que no podamos evitar el contacto cercano con alguien que tenga una influencia negativa sobre nosotros; en esas ocasiones tenemos que tener un cuidado especial para mantenernos enfocados en nuestro propósito, nuestras metas y nuestros principios. Busque cultivar el tipo correcto de influencias en su vida, y escoja la compañía correcta. Si alguien puede salir de su vida sin que lo extrañe, significa que esa persona no estaba en línea con su propósito. Pero cuando alguien puede alentarle en su propósito y hacer que progrese en él, esa relación puede llevarle muy lejos.

NOS MOVEMOS HACIA UN NIVEL MÁS ALTO
CUANDO NOS ASOCIAMOS CON PERSONAS
QUE VIVEN INTENCIONALMENTE;
QUE VIVEN A PROPÓSITO, CON PROPÓSITO
Y PARA UN PROPÓSITO.

RECONOZCA LAS RELACIONES POCO SANAS

Con frecuencia toleramos relaciones inútiles y poco sanas en nuestras vidas porque no nos detenemos a considerar el efecto que tienen sobre nosotros. A continuación tenemos algunas guías para reconocer a quienes están teniendo una influencia negativa en nuestra vida.

PERSONAS QUE LO AGOTAN

¿Alguna vez ha enviado la llamada de alguien al buzón de voz directamente porque se encogió al ver su número aparecer en la pantalla de su teléfono? Piensa: ¡Ahora mismo no tengo la energía para hablar con esta persona! Hay ciertas personas de las que nunca tiene noticias hasta que necesitan algo. Cuando llaman, algo dentro de usted dice: *Muy bien, sé que quiere algo. Me pregunto qué será esta vez.* Por lo general, lo que están pidiendo no está relacionado ni con su propósito ni con el de usted, sino más bien buscan alguna manera de poder usarlo a usted. No permita que personas le agoten su energía u otros recursos. Mantenga a distancia a tales personas.

PERSONAS QUE LO DEMORAN

Hay personas que monopolizarán su vida si usted se lo permite. El tiempo es un bien precioso, y solo tenemos cierta cantidad. Cuanto más envejecemos, más conscientes nos volvemos de este hecho. Siente que el tiempo acelera mientras su vida se va desinflando. Quienes no entienden su propósito y no están ayudando a impulsarle hacia él pueden demorarle. Por ejemplo, usted estará en el rumbo hacia hacer algo cuando alguien llama con otra supuesta "emergencia". A esa persona no le importa cómo está su horario o los compromisos que usted tiene ya. Las emergencias y los intereses legítimos son una cosa, pero debemos tener cuidado de no permitir que las personas nos demoren de cumplir nuestro propósito y nuestras metas en la vida, por razones superfluas.

PERSONAS QUE LO DISTRAEN

Ciertas personas pueden distraerle instándolo a que se involucre en asuntos menos importantes, de modo que sus prioridades y metas quedan a un lado y sus planes se frenan. Las motivaciones de esas personas puede que no sean malas, pero pasar tiempo con ellas o hacer cosas para ellas no sería el mejor uso que le dé usted a su tiempo. Habrá oído el dicho de que algunas cosas son buenas para nosotros, otras cosas son mejores, pero ciertas cosas son las óptimas. Esa es una buena manera de decidir si está siendo usted distraído de su propósito. Pregúntese: ¿Es esta relación o actividad una de "las mejores" cosas a incluir en mi vida? ¿O es "buena" o "mejor" y, por lo tanto, secundaria?

PERSONAS QUE LO ENGAÑAN

A veces, no conocemos realmente a alguien hasta que hemos tenido una pequeña experiencia en el trato con esa persona; entonces entendemos sus verdaderos motivos. Las cosas no son siempre como parecen. Puede que alguien no le caiga bien a usted inmediatamente, pero más adelante llega a respetar a esa persona por su buen carácter y naturaleza generosa. O podría pensar que alguien es una persona agradable y después reconocer que en realidad manipula a los demás, engañándolos para beneficio propio. Algunas personas pueden llegar a su vida y presentarse de cierta manera a propósito, pero después resultar ser alguien totalmente distinto. Por ejemplo, usted cree que una persona está siendo amigable con usted, hasta que descubre que ha estado alardeando, exagerando, intentando impresionarle, porque tiene una deuda grande y quiere conseguir dinero de usted. Puede resultar engañado en cualquier relación, así que ejerza discernimiento y sabiduría.

PERSONAS QUE LO DESCARRILAN

Hemos observado que algunas personas nos desvían de nuestro rumbo simplemente porque son ensimismadas o no tienen en cuenta nuestro tiempo. Pero con otras, la influencia es más amenazante porque nos tientan activamente a hacer cosas que van en contra de nuestra conciencia o hacen que nos distraigamos de seguir nuestro propósito. Cuidado con quienes buscan conseguir que hagamos algo que va en contra de nuestras creencias y nuestro carácter.

DESARROLLE UN SISTEMA DE FILTROS

Para cada una de nuestras relaciones, por lo tanto, necesitamos determinar qué grado de proximidad o de distancia deberíamos mantener. Es importante establecer un sistema de filtros para así no permitir que cualquiera o todo el mundo tenga una fuerte influencia en nuestras vidas. En primer lugar, necesitamos eliminar tiempo con quienes han demostrado tener un efecto negativo o incluso dañino sobre nosotros (o al menos reducir ese tiempo si el contacto no puede evitarse por completo). En segundo lugar, necesitamos limitar nuestro tiempo con algunas otras, no porque sean personas terribles, no por ningún fallo de carácter o porque sea personalmente dañino pasar tiempo con ellas, sino porque sus metas o intereses no están en consonancia con los nuestros, y nos distraerían de nuestro propósito. Obviamente, deberíamos querer lo mejor para las personas en este segundo grupo, y podríamos pasar tiempo con ellas en ocasiones; pero no pueden estar entre nuestros buenos amigos y asociados.

Para utilizar una analogía financiera, no se ponen activos donde van los pasivos, o pasivos donde van los activos. Hay un lugar para cada uno, pero tienen que estar posicionados correctamente. Y no puede permitirse tener demasiados pasivos, o llegará a la bancarrota usted.

No estoy sugiriendo que interactuemos con las personas solo por lo que podamos recibir de ellas. Lejos de eso. El verdadero propósito siempre implica levantar a otros, y ayudarles. Lo que estoy diciendo es que debemos considerar seriamente a quiénes permitimos que influencien el rumbo de nuestra vida.

A medida que desarrolla un sistema de filtros en las relaciones, puede utilizar las siguientes preguntas clave para evaluar el efecto que otras personas están teniendo en usted, y para determinar si son un activo o un pasivo:

- ¿Apoya este individuo mi propósito, o me hace ser de doble ánimo al respecto y ser desviado de mi llamado?

- ¿Ha alentado esta persona mi sueño, o es un asesino de sueños?

- ¿Alienta este individuo las relaciones genuinas, importantes y positivas en mi vida, o me aleja de ellas?

- ¿Es sincero este individuo en su amistad, o tan solo intenta acariciar mi ego para poder utilizarme?

- ¿Es esta persona una influencia constructiva en mi crecimiento personal, profesional, emocional o intelectual, o es agobiante?

- ¿Me motiva este individuo a hacer lo correcto, o intenta intimidarme para que haga lo incorrecto?

- ¿Soy una mejor persona o una peor persona como resultado de tener a este individuo en mi vida?

Finalmente, un factor que es especialmente importante para mí:

- ¿Ha sido mi relación con Dios fortalecida o debilitada desde que esta persona ha estado en mi vida?

En el siguiente capítulo exploraremos el lado positivo de las relaciones clave: los tipos de personas con quienes todos necesitamos desarrollar y mantener vínculos con propósito.

BENEFICIOS DE UNA VIDA CON SABIDURÍA

- Pasamos a un nivel de vida más alto cuando nos relacionamos con personas que viven intencionalmente: que viven sus vidas a propósito, con propósito, y para un propósito.

- Cuando personas positivas influencian nuestra vida, estamos más enfocados en nuestro llamado y llegamos a ser una mejor persona.

- Cuando establecemos un sistema de filtros para nuestras relaciones, podemos escoger quién tendrá una fuerte influencia en nuestra vida.

APLICAR LA SABIDURÍA

1. Comience a evaluar las diversas relaciones que hay en su vida según las pautas para el sistema de filtros de este capítulo, y determine si son activos o pasivos para usted.

2. ¿Qué relaciones ha estado tolerando o incluso dándoles alta prioridad, que realmente son perjudiciales para usted?

3. Tome una decisión concreta de eliminar o reducir tiempo con amigos y asociados que le agotan, le demoran, le distraen, le engañan o le descarrilan. Desarrolle un plan específico de seguimiento de esa decisión.

8

LA SABIDURÍA DESARROLLA RELACIONES CLAVE, PARTE 2
CULTIVAR INFLUENCIAS EN LA VIDA

"El que con sabios anda, sabio se vuelve".[21]

Todos necesitamos a personas que puedan guiarnos en una vida sabia y alentarnos a seguir nuestros principios y continuar persiguiendo nuestro llamado. Las influencias positivas en nuestra vida por lo general encajan en cuatro categorías principales. En primer lugar, están quienes están próximos a nosotros que creen en nosotros y nos apoyan en las diversas facetas de nuestra vida. Quienes están en este grupo podrían ser nuestro cónyuge, padres, hermanos, otros familiares, amigos, mentores y jefes. En segundo lugar, están quienes no viven cerca de nosotros, pero nos alientan; creen en nosotros, oran por nosotros, y nos apoyan a la distancia, de otras maneras. En tercer lugar, están quienes no hemos conocido nunca personalmente, pero que nos inspiran y enseñan con sus palabras y acciones, o ambas. Finalmente, está el Grande, el Creador, quien está siempre con nosotros y por nosotros, listo para darnos dirección y ayuda en el viaje de

---

21. Proverbios 13:20 (NVI).

la sabiduría. Cada uno desempeña un papel en ayudarnos a vivir una vida exitosa.

RELACIONES CLAVE PARA CULTIVAR

Proverbios dice que *"en la multitud de consejeros hay seguridad"*.[22] Las siguientes son relaciones clave que todos necesitamos, pero que debemos proponernos desarrollar y mantener. (Algunas de estas relaciones pueden solaparse, con una persona teniendo más de un papel en nuestra vida).

ALGUIEN QUE PUEDA IDENTIFICARSE CON NOSOTROS

En primer lugar, necesitamos a alguien que tenga la capacidad de identificarse con nosotros, que entienda nuestro propósito y el lugar donde estamos actualmente en la vida: mentalmente, emocionalmente, físicamente y espiritualmente. Una definición excelente de un mejor amigo es una persona que saca lo mejor de nosotros. Sabe todo lo que hay que saber sobre nosotros, y aún así nos ama. No podemos hacer cosas extraordinarias en el cumplimiento de nuestra visión si estamos rodeados de personas que no creen en nosotros, y en lo que podemos hacer. Como discutimos en el capítulo anterior, siempre que nos preguntamos si cierta relación es sana para nosotros, podemos hacernos esta pregunta importante: "¿Estoy más cerca de mi propósito como resultado de esta relación, o soy alejado por ella?". Cuando estamos comprometidos con nuestro propósito, permitimos que nuestras relaciones cercanas se deriven de ese propósito. Necesitamos posicionarnos al lado de quienes entienden, apoyan o comparten nuestra visión. Esta es una de las razones por la que los mejores amigos de las personas están frecuentemente entre quienes tienen la misma profesión. Su compañerismo se deriva de su propósito compartido.

Mi esposa me ha ayudado a alinearme más cerca de mi propósito, y yo he ayudado a alinearla a ella más cerca del suyo. Nuestra unión en matrimonio fue confirmada por nuestros respectivos propósitos. Si cuando éramos novios ella me hubiera apartado de lo que había de hacer, yo habría sabido que era una relación errónea para mí. Pero estoy agradecido a Dios

---

22. Proverbios 11:14; véase también Proverbios 24:6.

por su gracia al permitirme conocer y conectar con alguien que entendió mi propósito, y ha ayudado a impulsarme hacia él.

ALGUIEN QUE PUEDA CORREGIRNOS

También necesitamos a alguien a quien rindamos cuentas voluntariamente, alguien que pueda decirnos la verdad y señalar dónde nos estamos desviando del rumbo de nuestro propósito y de un estilo de vida de sabiduría. Para tener una relación así, debemos desarrollar la cualidad de ser enseñables: ser capaces de recibir crítica constructiva y corrección, y de aceptar buenos consejos. Esto no siempre nos resulta fácil, pero es esencial para nuestro éxito. Cuando éramos jóvenes, nuestros padres y otros adultos ocupaban este papel en nuestra vida. Como adultos, no necesitamos la misma forma de corrección; pero como enfaticé anteriormente, todos tenemos puntos ciegos y áreas en las que necesitamos mejorar. Tenemos que hacer provisión para el crecimiento personal, profesional y relacional, entrando en un sistema de rendir cuentas a alguien fiable que tenga en mente nuestro mejor interés.

Si no tiene a nadie que pueda señalarle cuando está haciendo algo equivocado, eso significa que nadie tiene la capacidad de hacerle regresar al rumbo correcto cuando se desvía de él. Algunas personas rinden cuentas a su cónyuge de esta manera, pero no todo el mundo se siente cómodo con eso, pues quizá sienta que puede obstaculizar la relación, y prefiere que alguien fuera del matrimonio sea quien ocupe ese rol. Cada persona es diferente, así que decida a quién siente que puede rendir cuentas y permitirle que le mantenga en el rumbo.

ALGUIEN QUE PUEDA AYUDAR EN NUESTRO DESARROLLO

Adicionalmente, necesitamos personas que puedan ayudar a dirigirnos y desarrollarnos, depositando su sabiduría, enseñanza, experiencias y habilidades en nuestra vida para que nosotros podamos edificar sobre ellas. Asegúrese de rodearse de personas que tengan la capacidad de hacer esas inversiones en usted, como un familiar de mayor edad, un amigo, un maestro, un jefe, una persona de negocios, un clérigo, o un líder comunitario. Una definición excelente de mentor es alguien que hace cosas *por* nosotros, después *con* nosotros, y luego nos observa hacerlas *a nosotros solos* en el curso de nuestro desarrollo.

ALGUIEN QUE PUEDA DEFENDERNOS

Además, necesitamos individuos en nuestra vida que nos defenderán cuando enfrentemos oposición o un daño potencial. Repito que cuando somos jóvenes, nuestros padres y otros familiares deberían hacer eso por nosotros. Más adelante, si nos casamos, nuestro cónyuge ha de ser la principal persona que ocupe este rol. Otro familiar, un buen amigo o un mentor también pueden servir como un fuerte defensor en nuestra vida. Cuando alguien intente aprovecharse de nosotros, entonces nuestro "defensor" intervendrá y dirá, en efecto: "Un momento, eso *no* va a suceder", y frustrará las malas intenciones de la otra persona hacia nosotros. Un defensor también podría apelar por nosotros o darnos acceso a otras personas que puedan ayudarnos a avanzar de manera específica, como realizar más estudios o conseguir un empleo.

ALGUIEN QUE PUEDA ENSEÑARNOS A SOÑAR

Todos necesitamos a alguien que pueda enseñarnos a soñar, o nuestras vidas estarán en peligro de volverse mediocres. Esta es la persona que puede inspirarle a tener una visión que sea mayor de lo que puede usted permitirse, y mayor que el personal y los recursos que ya tiene, de modo que pueda llegar más lejos de lo que nunca esperó. Me alegra haberme criado en una casa donde mi padre era un soñador, y me alegra que Dios trajera a otras personas a mi vida que eran visionarias, de modo que yo también pude aprender a soñar. No estaría donde estoy hoy sin ellos. Algunas personas se criaron en hogares donde nunca fueron expuestos a nadie que les enseñara a soñar. Si esa ha sido su situación, busque a quienes puedan ocupar ese lugar en su vida ahora.

ALGUIEN QUE PUEDA ENSEÑARNOS A ATREVERNOS

Todo sueño tiene que estar acompañado por cierta cantidad de atrevimiento: fe audaz, valentía y osadía. Tenemos que aprender a atrevernos porque, como hemos visto, si nuestro sueño no nos intimida de algún modo, si no nos cuesta más de lo que tenemos actualmente disponible para pagar por ello, y si es algo que podemos lograr por nosotros mismos, probablemente no sea lo bastante grande.

He conocido a algunos individuos osados que estuvieron dispuestos a perder todo lo que tenían a fin de invertir en lo que creían y vivir su sueño. También conozco a personas que tienen sueños, pero no tienen la valentía suficiente para perseguirlos porque piensan cosas como estas: ¿Y si fracaso? ¿Y si no funciona? ¿Y si me quedo sin dinero? ¿Y si no les gusta *lo que tengo que ofrecer?* Tiene que llegar a un punto de fe donde le dé a su sueño todo lo que tenga.

He visitado a muchas personas en sus lechos de muerte, y nadie me ha hablado nunca de las cosas que hizo y que lamentaba. Por el contrario, con frecuencia he oído a las personas hablar de lamentar las cosas que nunca tuvieron la valentía de hacer, y no poder hacer nada al respecto ahora. Seguir una verdadera visión requiere atrevernos, y usted necesita tener a personas en su vida que puedan modelar lo que es correr riesgos y probar cosas, incluso aunque no puedan lograrlo hasta el final.

TIENE QUE LLEGAR A UN PUNTO DONDE LE DÉ A SU SUEÑO TODO LO QUE TENGA.

ALGUIEN QUE PUEDA PROVEER RECURSOS NECESARIOS

Hay algunas personas en este mundo que tienen recursos tremendos, incluidos dinero y otros activos. Ya que nuestro sueño es mayor que nuestros recursos, vamos a necesitar a personas así en nuestra vida para ayudarnos a cumplir nuestro llamado. No estoy diciendo que deberíamos esperar que ellos nos lo den todo hecho. En cambio, deberíamos tener la práctica de invertir en sus vidas y servirles, al igual que a otros, mientras nos preparamos para nuestro propósito. Le aliento a buscar una necesidad, y servir a esa necesidad con un corazón abierto.

En una ocasión, llevé a almorzar a un hombre de negocios de nuestra iglesia, y le dije que quería compartir algunas cosas que ayudarían a su negocio. Nunca le pedí ni una moneda. Pero al final del almuerzo, él sacó su chequera y llenó un cheque por doscientos cincuenta mil dólares. Desde luego, le dije: "¡Vayamos a almorzar otra vez la próxima semana!".

En otra ocasión me invitaron a asistir a una reunión en Atlanta donde un multimillonario daría una charla a un grupo selecto de doscientas personas. Era en un ambiente de banquete en un bonito hotel, y cuando llegué, me sentaron en la mesa principal cerca del multimillonario.

Mientras estaba allí sentado, le pedí a Dios en silencio que me mostrara una necesidad que hubiera en la vida de ese hombre, y que yo pudiera satisfacer. Podría usted preguntar: "¿Qué necesidad podría tener un multimillonario?". Cada persona, sin importar cuán rica sea, tiene necesidades en su vida, porque el dinero no lo resuelve todo. Y si buscamos siempre las cosas grandes, podemos pasar por alto lo que Dios quiere hacer por medio de algo muy sencillo.

Cuando el multimillonario terminó su comida, pidió una taza de café. Y en ese bonito hotel le llevaron un café muy caliente: en un vaso de cartón. Noté que le resultaba difícil beberse su café porque el líquido caliente le quemaba los dedos al agarrar el vaso, y reconocí inmediatamente su necesidad. Al principio pensé para mí: *Yo no trabajo aquí; no es mi tarea servir.* Pero había notado el problema, así que me levanté y encontré una taza de cerámica, la llevé a la mesa, agarré el vaso de cartón con el café caliente y lo cambié a la taza de cerámica. Cuando hice eso, el hombre me miró, señaló a la silla vacía que había a su lado, y dijo: *"Siéntese"*.

Yo nunca habría recibido la invitación de sentarme al lado de un multimillonario si no hubiera notado una necesidad inmediata en su vida, por pequeña que fuera, y no hubiera tenido la humildad suficiente para pasar por alto la incomodidad potencial de la situación para servirle. Durante los siguientes quince o veinte minutos, este hombre abrió su corazón y me habló como si yo fuera su propio hijo, compartiendo información que me habría costado cientos de miles de dólares en una consultoría profesional. Creo que si usted establece la práctica de servir a otros, incluso a quienes inicialmente no parecen necesitar nada, sus propias necesidades serán satisfechas.

ALGUIEN QUE PUEDA RESTABLECER NUESTRA CONFIANZA

A veces, tomamos malas decisiones que nos hacen tropezar en la vida; otras veces pasamos por circunstancias difíciles, aunque no es culpa nuestra, que nos hacen perder el paso. Cuando cometemos errores o enfrentamos reveses, podemos sentir que ya no somos dignos o capaces de perseguir nuestro propósito. Tan solo queremos rendirnos. Como resultado, puede que nos retiremos de otras personas y nos encerremos en nosotros mismos.

Durante esos periodos, un fuerte sostén en nuestra vida puede ayudar a despertarnos de nuestro estado inactivo y restablecer nuestra confianza, alentándonos: "No renuncies a tu sueño. Aún puedes hacer que funcione. Tiene un gran potencial. *Tú* tienes un gran potencial". Ellos pueden ayudarnos a desarrollar una mentalidad que diga: "Mi carrera profesional no está muerta; puede recuperarse", o "Mi talento no está perdido; puede restablecerse". Si tenemos un propósito en nuestro interior que sigue vivo, y si tenemos dentro a una persona decidida, puede que tropecemos, pero podemos recuperar el equilibrio. Podemos hacer regresar a la persona de propósito que una vez fuimos. Y una de las mejores maneras de asegurar eso es haber establecido a personas clave en nuestra vida que crean en nosotros, y puedan ayudarnos a restablecer nuestra convicción y confianza.

ALGUIEN QUE PUEDA MOSTRARNOS CÓMO MORIR BIEN

Sí, leyó correctamente. Saber cómo morir bien es una parte esencial de la vida con sabiduría. ¿Por qué? Porque es más importante cómo terminamos en la vida que cómo comenzamos en la vida. Nosotros no decidimos la manera en que nacemos, y no podemos predecir *cuándo* o *cómo* moriremos, pero podemos determinar *la manera* en que moriremos. Y necesitamos modelos a seguir que puedan mostrarnos la manera correcta de morir.

Me alegra haber vivido el tiempo suficiente para haber experimentado relaciones vitales con mentores destacados que desde entonces han fallecido, relaciones que han sido algunas de las más significativas de mi vida. Aunque aprendí mucho de mis mentores durante sus vidas, también he visto a muchos de ellos en sus lechos de muerte acercándose al final sin temor ni turbación, sino con paz y valentía. He observado también a muchas personas de fe que han mirado a la muerte a la cara, y han estado exuberantes y llenas de gozo incluso cuando el cáncer u otra enfermedad hacía estragos en sus cuerpos. Ellos me han enseñado cómo morir bien.

Uno de mis mayores mentores se estaba muriendo de cáncer. Estaba al final de su vida, pero no pasó lista a todos sus logros, no hablaba de ninguna de las propiedades que había tenido, ni del dinero que tenía en el banco o los títulos que había conseguido, aunque todas esas cosas eran impresionantes. Tampoco tenía ningún temor o remordimiento. Lo único de lo que hablaba era la calidad de sus relaciones, y me expresaba una y otra vez: "Te amo". Su vida no se trataba de cosas o logros. Él dejó un legado de amor y de inversión en otros.

¿Qué bien hay en ser exitoso en la vida si no sabemos cómo morir bien? La muerte es parte del proceso de la vida. No creo que la muerte sea un fin, sino un principio. Es un comienzo de otra dimensión de vida. Por lo tanto, encuentre modelos a seguir que puedan mostrarle no solo cómo vivir bien, sino también cómo morir bien.

ES MÁS IMPORTANTE CÓMO TERMINAMOS EN LA VIDA QUE CÓMO COMENZAMOS EN LA VIDA.

SACAR LO MEJOR DE NOSOTROS

Aquellos con quienes cultivamos relaciones clave tienen la capacidad de promover cualidades y talentos positivos en nuestro interior, a medida que nos señalan continuamente hacia nuestro propósito. Nos ayudan a crecer mediante nuestras experiencias en la vida, y nos apoyan de diferentes maneras, incluido el darnos consejos sabios. Como dijo Salomón: *"El que con sabios anda, sabio se vuelve"*.

Yo creo que la respuesta a cada problema es una persona. Estoy muy agradecido por las diversas personas que han llegado a mi vida en puntos críticos, y me han enseñado la sabiduría y el conocimiento que necesitaba. Algunas personas llegarán a nuestra vida solo por un periodo de tiempo breve, pero nos elevarán a otro nivel de crecimiento o de logro mediante su inspiración, ejemplo o conocimiento. Otras estarán en nuestra vida durante cierto periodo para suplir diversas necesidades, y entonces será el momento de que ellas, o nosotros, sigamos adelante. Y hay ciertas personas con las que tendremos relaciones duraderas, y que harán grandes aportaciones a nuestras vidas. Independientemente del tiempo que estén con nosotros, podemos cultivar relaciones con individuos clave que nos desarrollarán, retarán y motivarán de las maneras que hemos planteado en este capítulo. Busquemos a esos influyentes positivos que creerán en nosotros, y siempre sacarán lo mejor de nosotros.

BENEFICIOS DE UNA VIDA CON SABIDURÍA

+ Cultivar a propósito relaciones con personas significativas como influyentes positivos en nuestra vida nos elevará a un nivel más alto de crecimiento, logro y satisfacción.

+ Nos acercaremos más a cumplir nuestro propósito a medida que establecemos relaciones clave con personas que puedan identificarse con nosotros, corregirnos, ayudarnos en nuestro desarrollo, defendernos, enseñarnos a soñar, enseñarnos a atrevernos, proporcionar recursos necesarios, restablecer nuestra confianza, y mostrarnos cómo morir bien.

APLICAR LA SABIDURÍA

1. Enumere personas específicas en su vida que ocupan las diversas relaciones clave descritas en este capítulo, y cómo operan en esos roles.

2. ¿Le falta alguna relación clave? ¿A quién conoce que podría ocupar esos roles? Haga un plan para cultivar relaciones clave en esas áreas.

9

LA SABIDURÍA LE ENSEÑA SENTIDO A SU DINERO, PARTE 1
UN AMBIENTE PARA EL CRECIMIENTO Y LA ABUNDANCIA

"El dinero nos ayuda a perseguir nuestro propósito en la vida, y construir riqueza amplía nuestras opciones y alcance en el cumplimiento de ese propósito."

ASUNTOS DE DINERO

En mi experiencia, hay dos grupos de personas con los que no siempre es fácil hablar de dinero: quienes tienen mucho dinero, y quienes tienen poco dinero. Quizá el primer grupo piensa que ya saben todo lo que hay que saber sobre finanzas, y el segundo grupo no cree que la información se aplica a ellos, y nunca lo hará. Pero si las personas entendieran el verdadero propósito del dinero y de tener recursos financieros, ¡casi todo el mundo querría escuchar más al respecto y cómo funciona!

También he descubierto que muchas personas piensan en el papel del dinero de maneras limitantes o no sensatas. Ciertas personas ponen demasiado énfasis en ganar dinero, elevándolo a ser la meta primordial en la vida; otras ponen muy poco énfasis en ganar dinero, criticando e incluso rechazando la idea. Otras personas de fe parecen entender mal el papel y el valor del dinero porque confunden una afirmación que hizo Pablo, el escritor del Nuevo Testamento. Por consiguiente, llegan a considerar el dinero una cosa corrupta, enfatizando: "¡El dinero es la raíz de toda maldad!". No se dan cuenta de que Pablo realmente escribió: *"porque raíz de todos los males es el amor al dinero"*.[23] No tenemos que escoger entre Dios y el dinero; solamente tenemos que decidir a cuál de ellos vamos a servir.[24]

En otras palabras, está bien tener riquezas, pero no está bien que las riquezas nos tengan a nosotros. Repito que cuando las personas tienen un amor desordenado al dinero, lo priorizan por encima de otras cosas más importantes y valiosas, a veces hasta el punto de que llega a consumirlos. Esa mentalidad es una raíz de todo tipo de cosas negativas y dañinas. Hemos de amar a las personas y utilizar el dinero, pero cuando las prioridades están descolocadas, muchas personas hacen lo contrario: aman el dinero y utilizan a las personas, por lo general a fin de obtener más dinero.

Salomón, quien no solamente fue el hombre más sabio que haya vivido jamás, sino también el rey más rico de su época, escribió: *"El que ama el dinero, no se saciará de dinero; y el que ama el mucho tener, no sacará fruto. También esto es vanidad"*.[25] Quien ama el dinero nunca estará satisfecho con la abundancia porque nunca sentirá que ya tiene suficiente. Y aunque pueda acumular cada vez más riqueza, eso no le hará ser más feliz.

Las personas pueden desarrollar amor al dinero creyendo que "dinero es poder". Piensan que cuanto más dinero obtengan, más poder e influencia tendrán, de modo que el dinero se convierte en aquello por lo cual viven. Es cierto que pueden comprar cierta cantidad de poder e influencia con su dinero, pero inevitablemente utilizarán ese poder e influencia por las razones equivocadas y de maneras mal aplicadas.

23. 1 Timoteo 6:10.
24. Véase, por ejemplo, Mateo 6:24.
25. Eclesiastés 5:10.

Así, tener riquezas no garantiza que las utilizaremos bien. Incluso si algunas personas obtuvieran su deseo de llegar a ser ricas, probablemente no tendrían ese dinero por mucho tiempo. La mayoría de personas que ganan la lotería terminan manejando mal el dinero y en peor situación financiera (y en otros aspectos) de la que tenían anteriormente. Tener abundancia de riqueza no les hizo ser automáticamente buenos administradores del dinero. El principio es que si no sabemos manejar el dinero que tenemos ahora, no sabremos manejar cualquier dinero adicional que podamos recibir. Esto sucede por lo general porque la mayoría de las personas desean elevarse a la altura del nivel de sus ingresos. Independientemente de cuánto dinero pudieran estar recibiendo, se mantendrán en la misma proporción de ingresos y deudas. Como vimos en los capítulos sobre los hábitos, nuestras vidas no cambiarán para mejor hasta que cambiemos nuestras prácticas negativas.

TENER UNA COMPRENSIÓN CLARA DEL VERDADERO PROPÓSITO Y EL PAPEL DEL DINERO NOS PERMITE EMPLEAR LAS HERRAMIENTAS PRÁCTICAS PARA CONSTRUIR RIQUEZA POR LOS MOTIVOS CORRECTOS, Y CON LOS MEJORES RESULTADOS.

Una vez, cuando Jesús enseñaba a una gran multitud, un hombre clamó a Él pidiéndole que arbitrara en una disputa; quería que el Maestro hiciera que su hermano repartiera la herencia familiar con él. Jesús respondió primero al hombre que no era tarea de Él zanjar su disputa con su hermano. Entonces, quizá sintiendo el motivo que tenía el hombre, le dijo a la multitud: *"Mirad, y guardaos de toda avaricia; porque la vida del hombre no consiste en la abundancia de los bienes que posee"*.[26] Si el hermano estaba o no estaba equivocado no es el verdadero asunto, sino el modo en que el hombre entre la multitud veía el valor de las posesiones en su propia vida. Necesitaba entender que la esencia de su vida no consistía en lo que poseía, ni tampoco en tener abundancia de bienes materiales.

---

26. Lucas 12:15.

Repito que no hay nada de malo en la prosperidad material o hacer dinero; lo que nos causa problemas es cómo consideramos el dinero, y lo que importa es lo que hacemos con él. Por eso es esencial tener una comprensión clara del verdadero propósito y el papel del dinero que pueda guiarnos para usarlo sabiamente, sin importar lo mucho o lo poco que tengamos en un momento dado. Solamente cuando tenemos esta perspectiva podemos emplear todas las herramientas prácticas relacionadas con hacer e invertir dinero por los motivos correctos, en el contexto más beneficioso, y con los mejores resultados. Destaco varias de esas herramientas prácticas en el capítulo siguiente. Pero antes, ¿cuál es la razón para tener dinero y otros recursos materiales?

EL OBJETIVO DEL DINERO

Sin duda, todos necesitamos cierta cantidad de dinero y recursos para que nos provean techo, alimento, y otras necesidades de la vida para nosotros mismos y nuestras familias. Esa es una responsabilidad primordial. El dinero también nos permite mejorar nuestras vidas, como al permitirnos pagar una educación universitaria; o disfrutar de la vida, por ejemplo, haciendo posible que podamos pagar unas vacaciones familiares.

Sin embargo, la siguiente es una razón más profunda para tener y utilizar recursos financieros: el dinero nos ayuda a perseguir nuestro propósito en la vida, y construir riqueza amplía nuestras opciones y nuestro alcance en el cumplimiento de ese propósito. Por lo tanto, hacer, ahorrar e invertir dinero son componentes integrales de vivir nuestras vidas según nuestro llamado. Como he expresado anteriormente, todos los recursos que necesitamos para completar nuestro propósito finalmente llegarán a nosotros a medida que sigamos nuestro llamado, y eso incluye recursos financieros. Aunque, como hemos visto, algunos de esos recursos puede que nos lleguen mediante otras personas que tienen grandes medios financieros, cierta cantidad vendrá de nosotros mismos.

El modo en que administramos nuestro dinero es, por lo tanto, importante para nuestro propósito. Por ejemplo, si estamos en deuda continuamente, ¿cómo podemos invertir en nuestros sueños para nosotros mismos y nuestras familias? ¿Cómo podemos estar preparados para diversas oportunidades que estarían abiertas para nosotros si tuviéramos los fondos?

La razón por la que muchas personas no han podido manifestar su visión o sueño personal es que han sido obstaculizadas por la falta de dinero. Por ejemplo, puede que hayan necesitado a personas con otras habilidades para que les ayudaran, pero no tenían fondos para contratar a nadie. Por lo tanto, en lugar de pensar meramente en cómo podemos obtener y gastar dinero, como hacen muchas personas, deberíamos pensar en cómo podemos generarlo e invertirlo en nuestro propósito para que nosotros y otras personas puedan vivir vidas significativas y prósperas.

LOS SERES HUMANOS FUERON CREADOS CON EL POTENCIAL DE SER FRUCTÍFEROS, PRODUCTIVOS Y LUCRATIVOS SEGÚN SU PROPÓSITO.

FRUCTÍFERO, PRODUCTIVO Y LUCRATIVO

A fin de construir riqueza, debemos entender que estamos diseñados con el potencial para ser fructíferos, productivos y lucrativos. Tan solo necesitamos obtener el conocimiento que nos capacite para entrar en esa capacidad. Yo creo que el libro de Génesis revela algo estratégico acerca de este punto. Tras describir la creación del mundo, incluida la humanidad, dice que Dios comisionó a los seres humanos como administradores de un jardín, o un ambiente, en el cual todo a su alrededor crecía y producía.[27] Ellos no podían mirar en ninguna dirección y no ver fruto, productividad y belleza. Ese era el ambiente que se les dijo que administraran, o sobre el cual se les otorgó responsabilidades de administración. En cierto sentido, esta atmósfera les hablaba no solamente de su papel como administradores de la tierra, sino también sobre su propio potencial como "cocreadores": era un reflejo de las grandes posibilidades de fruto, creatividad y productividad que había dentro de ellos.[28] Este propósito para la humanidad no ha cambiado.

Por lo tanto, permita que le pregunte: cuando mira a su alrededor o a su interior, ¿ve potencial para que haya fruto? Sabemos que esta tierra en la

27. Véase Génesis 1—2.
28. Véase Génesis 1:28.

que vivimos tiene muchos problemas, pero sigue siendo un lugar donde las cosas son, o pueden ser, productivas, fructíferas y lucrativas. Sabemos que nuestras vidas son menos que perfectas, pero seguimos siendo personas que son, o pueden ser, productivas, fructíferas y lucrativas. Por eso cuando aplicamos sabiduría y conocimiento a nuestras finanzas, podemos cultivar un ambiente que producirá crecimiento y abundancia.

¿QUÉ ES LA VERDADERA PROSPERIDAD?

A medida que buscamos construir riqueza material y administrar nuestras finanzas, siempre deberíamos recordar que la prosperidad es un término mucho más amplio que el dinero. La verdadera prosperidad se refiere no solo a abundancia monetaria, sino también a integridad de cuerpo, mente y espíritu. Se trata de tener relaciones sólidas. Se trata de vivir en congruencia con nuestros valores centrales. No somos prósperos si maquinamos y engañamos, y después tenemos que tomarnos una pastilla para dormir por la noche y otra para levantarnos en la mañana. No somos prósperos si estamos enfocados principalmente en cuánto dinero tenemos, o si estamos ensimismados y vivimos aislados de otras personas. La prosperidad se trata de hacer aquello para lo cual nacimos, y amar la vida.

"LA RIQUEZA CONSISTE NO EN TENER GRANDES POSESIONES, SINO EN TENER POCOS DESEOS".
—EPÍCTETO

En definitiva, ninguna otra persona puede decirle lo que significa para usted ser próspero. ¿Por qué? Porque, como hemos visto, la verdadera prosperidad significa cumplir su propósito único y dado por Dios. Lo que usted necesita para su llamado será diferente de lo que necesite otra persona para su llamado. La prosperidad, por lo tanto, tiene expresiones individuales, pero es siempre para bendición: bendición para nosotros mismos y bendición para otros mediante la vida que hemos sido llamados a dirigir y compartir con otros.

BENEFICIOS DE UNA VIDA CON SABIDURÍA

+ El dinero nos ayuda a perseguir nuestro propósito en la vida, y construir riqueza amplía nuestras opciones y nuestro alcance en el cumplimiento de ese propósito.

+ Aplicar sabiduría y conocimiento a nuestras finanzas nos permite cultivar un ambiente que produce crecimiento y abundancia.

+ La prosperidad se expresa en nuestras vidas de maneras individuales según nuestro propósito, pero siempre es para bendición: no solo para nosotros mismos, sino también para otros.

APLICAR LA SABIDURÍA

1. ¿Cuál ha sido su actitud general hacia el dinero? ¿Ha tenido más tendencia a ver el dinero como su enfoque principal en la vida, o como un mal que corrompe?

2. ¿Qué haría con el dinero si de repente tuviera una gran riqueza?

3. ¿Ha cambiado en algo su perspectiva hacia el dinero después de leer este capítulo? Si ha cambiado, ¿de qué maneras?

4. ¿Cómo podría reenfocar sus finanzas actuales hacia el cumplimiento de su propósito en la vida?

10

LA SABIDURÍA LE ENSEÑA SENTIDO A SU DINERO, PARTE 2
ESTRATEGIAS FINANCIERAS PROBADAS

"Fluye riqueza de la energía y las ideas".
—William Feather

No se necesita una maestría de Harvard para entender el dinero y manejarlo bien. Las siguientes son estrategias prácticas y probadas para aumentar su riqueza y administrar sus finanzas a medida que persigue su propósito, y provee para usted mismo y para sus seres queridos. Muchas de ellas son métodos de sentido común, pero tenemos que tomar una decisión específica de implementarlas. Como hemos visto, es demasiado fácil vivir por defecto en lugar de hacerlo por diseño. Podría sorprenderse ante algunas de las sencillas cosas que puede hacer, y que marcarán una diferencia importante para usted financieramente y le permitirán construir riqueza.

ESTRATEGIAS PARA OBTENER RIQUEZA Y MANEJAR DINERO

Al examinar estas estrategias, observe que varias de estas prácticas deberían ser implementadas secuencialmente, mientras que otras pueden aplicarse simultáneamente.

ENUMERE SUS PRIORIDADES FINANCIERAS Y CREE UN PRESUPUESTO

Para comenzar, enumere sus prioridades financieras recordando que algunas de esas prioridades podrían no ser necesidades inmediatas, sino más bien metas a largo plazo. Piense en el mayor gasto que tendrá jamás en la vida. ¿Es su hipoteca o la educación de sus hijos? No. Son sus ahorros para la jubilación. Sin embargo, muy pocas personas se preparan para la jubilación o para otros costos importantes en la vida. Por ejemplo, me entristece cuando veo a personas en un funeral de un ser querido, y la familia apenas tiene dinero suficiente para pagar incluso los gastos funerarios más sencillos. Hay circunstancias en las cuales las personas caen inevitablemente en una situación financiera difícil. Sin embargo, si planificamos con antelación tener cubiertas nuestras prioridades y necesidades monetarias, podemos reducir mucho la probabilidad de encontrarnos en ese tipo de escenario.

Tras haber determinado sus prioridades financieras, establezca un presupuesto mensual para trabajar hacia metas a largo plazo a medida que satisface necesidades diarias. Un presupuesto es en realidad un medio de reforzar sus metas estableciendo parámetros para gastar e invertir su dinero sabiamente. Cuando planifique su presupuesto, tenga en mente que no es suficiente tan solo con vivir *dentro* de sus medios; necesita vivir *por debajo* de sus medios a fin de comenzar a crear un superávit. Hablaremos más ampliamente de este punto en la sección siguiente.

UN PRESUPUESTO ES UN MEDIO DE REFORZAR SUS METAS, ESTABLECIENDO PARÁMETROS PARA GASTAR E INVERTIR SU DINERO SABIAMENTE.

VIVA POR DEBAJO DE SUS MEDIOS

Una de las maneras más rápidas de hacer dinero es recortar gastos. Utilice su creatividad para comenzar a eliminar costos. Hay muchos artículos y libros que dan indicaciones para reducir el gasto. También puede obtener ideas de amigos, familiares, y compañeros de trabajo que son prósperos. Muchas personas disfrutan al compartir historias sobre cómo ahorran dinero, de modo que aprenda todo lo que pueda.

Desarrolle un plan de gastos para usted mismo en consonancia con su presupuesto, de modo que sepa con antelación lo que puede comprar y lo que no puede comprar. Después ejerza la limitación. Algunas personas usan "terapia al por menor" para tratar sus problemas emocionales; otras sienten que tienen derecho a hacer una compra porque algo está en rebajas, porque han recibido un cupón de descuento, es su cumpleaños, o por otras razones. Pero nadie puede permitirse vivir frívolamente, en especial si ya tiene deudas.

Un buen principio es no comprar algo a menos que pueda obtener una buena ventaja en ello. A pesar de lo que planifique, piense con antelación en lo que necesitará, y compre artículos cuando estén rebajados o cuando el costo esté reducido porque están fuera de temporada. Intente evitar comprar algo cuando está desesperado por tenerlo, porque normalmente terminará pagando el precio más alto. Usted sabe que no es sabio ir al supermercado cuando tiene hambre, porque comprará demasiado o comprará el tipo incorrecto de cosas, como comida basura. Es un principio similar. Si compra productos de alto costo cuando los necesita apresuradamente, probablemente terminará guiándose solamente por sus sentimientos en lugar de pensar bien las cosas y tomar las mejores decisiones.

APROVECHE AL MÁXIMO LO QUE TIENE

Adicionalmente, hay maneras en que puede conservar los recursos que ya tiene, y aprovechar al máximo lo que adquiere. Con frecuencia descartamos de manera casual lo que podríamos reutilizar, y no siempre aprovechamos al máximo nuestro dinero. Una vez, mi hermano y yo estábamos visitando a una de nuestros familiares en Chicago, e íbamos juntos en su auto cuando ella se detuvo para comprar gasolina. Mi hermano fue quien puso el combustible, y estaba a punto de sacar la manguera del depósito cuando ella saltó del auto diciendo: "No, no, ¿qué estás haciendo?". Ella agarró la manguera, ¡y la sacudió varias veces dentro del tanque de la gasolina para que cayera hasta la última gota de gasolina! Puede que la cantidad no fuera mucha, pero ella no quería desperdiciar ni una gota de gasolina.

Aprovechar al máximo lo que tenemos es un buen principio, ya sea que lo utilicemos a pequeña escala o a gran escala. Tengo un amigo que tiene un valor de seiscientos millones de dólares. Tiene un jet privado de treinta y dos millones de dólares, y me invitó a hacer un viaje con él a California. Antes de salir de Atlanta, volamos desde un aeropuerto de la ciudad a otro para reponer combustible. El costo total del combustible para el viaje fue el de quince mil dólares. Yo le pregunté: "¿Por qué no pusiste combustible en el primer aeropuerto?". Él me dijo que el combustible en el segundo aeropuerto era 1,10 dólares más barato por galón, y que se había ahorrado mil quinientos dólares, diciendo: "No me importa gastar dinero, pero aborrezco desperdiciar el dinero". Se desvió de su ruta para ahorrar mil quinientos dólares, aunque lo que tiene vale seiscientos millones. Pero esa es la mentalidad que le ha permitido construir riqueza.

Por lo tanto, piense en sus hábitos en relación con el modo en que utiliza bienes materiales, alimentos y otros productos, y considere maneras en que podría estar desperdiciando algo que tendrá que ir a comprar otra vez innecesariamente o antes de lo necesario. Y busque maneras grandes y pequeñas para conservar, a fin de ahorrar dinero a largo plazo.

SALGA DE LA DEUDA SISTEMÁTICAMENTE

El libro de Proverbios dice: *"el que toma prestado es siervo del que presta"*.[29] Si pide prestado, esencialmente se convierte en un siervo de quien le esté prestando, ya sea un banco, un negocio, un familiar o un amigo. Cuando toma prestado de alguien, especialmente de una institución financiera, ellos ponen condiciones al préstamo: cuál será el tipo de interés, cuándo ha de pagarse por completo el préstamo, y otras, y usted se verá obligado a pagarles cuando no sabe cuál será su futuro financiero. Todo esto hace que sea un siervo de quien le presta porque usted no tiene ningún control sobre esas condiciones.

Algunas instituciones atraen a las personas con ofertas de préstamos que anuncian dinero al 0 por ciento de interés durante cierto periodo de tiempo, como los seis primeros meses. Sin embargo, no hay tal cosa como un préstamo de beneficencia. Créame, ellos recuperarán su dinero al final del préstamo si no es al principio, así que lea la letra pequeña.

---

29. Proverbios 22:7.

Nunca deberíamos pedir prestado dinero para pagar cosas como ropa y vacaciones, porque son bienes que se deprecian y, por lo tanto, constituyen una deuda mala. Hay ciertas cosas para las cuales el valor de su compra mediante un préstamo se apreciará generalmente, como una hipoteca de una casa, de modo que se considera "deuda buena". Pero no pida prestado más de lo que va a tener la capacidad de devolver. Cualquier cosa como cargos por la tarjeta de crédito le hará caer más profundamente en el agujero, a menos que pueda pagar por completo sin quedar en apuros cuando llegue la factura. Las comisiones financieras se comerán su dinero. Si tiene una deuda superior al 10 por ciento de su salario anual bruto, esa es una gran bandera roja para sus finanzas.

Cuando comienza a vivir por debajo de sus medios, sin embargo, puede comenzar a pagar cualquier deuda que tenga. Establezca la prioridad de pagar todas sus deudas lo antes posible debido al interés que está pagando sobre ellas. Puede incluso liquidar un préstamo para un auto o una casa antes de lo que planeó originalmente. Si añade un pequeño extra a su pago cada vez, puede ahorrarse mucho dinero en intereses.

CUANDO SUS EGRESOS EXCEDEN SUS INGRESOS, SU MANTENIMIENTO SE CONVIERTE EN SU HUNDIMIENTO.

Después de pagar una factura, utilice la cantidad que había estado aplicando para esa factura y diríjala a pagar otra factura, y así sucesivamente. Por causa de la integridad, pague todas sus deudas, incluso si eso le toma un periodo de tiempo.

Otro aspecto de la deuda es que no es aconsejable co-firmar o ser garantizador de un préstamo para alguien que sea irresponsable con su dinero o que tenga otros problemas de carácter. Supone un riesgo muy elevado, y puede terminar usted con un crédito malo. Usted puede controlar sus propias acciones, pero no puede controlar las acciones de otra persona. Algunas personas no llegan a entender lo que significa ser garantizador. Si usted es garantizador de alguien que quiere comprar un auto, por ejemplo, y no cumple con los pagos, es usted quien se convierte en el responsable de esa deuda. Si no está dispuesto a correr ese riesgo, no sea garantizador.

ACUMULAR AHORROS

Tras salir de la deuda, puede comenzar a ahorrar e invertir. Haga un plan para generar ahorros. Por ejemplo, si aparta incluso veinte dólares por semana, quizá no haciendo un par de almuerzos de comida rápida o renunciando a otra cosa que no sea esencial, puede ahorrar más de mil dólares en un año.

NO AHORRE LO QUE LE QUEDE DESPUÉS DE GASTAR, SINO GASTE LO QUE LE QUEDE DESPUÉS DE AHORRAR.

Quizá no sea capaz de comenzar a hacer eso en seguida, pero trabaje en llegar hasta un punto en que pueda ahorrar al menos el diez por ciento de sus ingresos. A menudo es bueno crear cuentas separadas para ahorros a corto plazo y ahorros a largo plazo, de modo que no eche mano del dinero que está ahorrando para prioridades a largo plazo. Para metas que se cumplirán en cinco años o menos, puede apartar fondos en una cuenta de ahorros separada, en una cuenta de mercado monetario, o en un Certificado de Depósito (CD). Investigue para ver qué opción es mejor para usted, haciendo ajustes tal como sea necesario a medida que cambien las condiciones del mercado, o encuentre un mejor interés en un banco distinto o en otra institución financiera.

Su plan de ahorro debería incluir apartar dinero para de jubilación con aportaciones de la empresa donde trabaje, una cuenta tradicional de jubilación, o cualquier otro plan. Necesitará disciplinarse para hacer eso. Muchas personas organizan todo para que cierta cantidad de dinero de su salario sea depositada automáticamente en su plan de jubilación o cuenta de ahorro para así no ser tentadas a utilizarlo para otras cosas.

CREE FUENTES ADICIONALES DE INGRESOS

La mayoría de las personas dependen de una sola fuente de ingresos, como un empleo o un negocio. Es sabio crear una segunda, tercera, e incluso cuarta fuente de ingresos para usted mismo, ya sea mediante ganancias o inversiones, porque podría suceder cualquier cosa a una de esas fuentes. En nuestro mundo, actualmente tratamos el cambio rápido en todos los aspectos: cambio sociológico, cambio tecnológico, cambio económico, cambio medioambiental, y cambio político. Carreras profesionales que antes eran fiables se dirigen rápidamente hacia quedar obsoletas. Ocupaciones para las que personas se formaban hace veinte o treinta años, se están eliminando. En una economía incierta, podrían despedirle de su empleo, o su negocio podría mermar inesperadamente, o las circunstancias de su vida podrían cambiar. Por ejemplo, usted podría querer trabajar a jornada completa durante un tiempo para ocuparse de un anciano o un familiar enfermo. Situaciones como esas crean la necesidad de generar ingresos de manera nueva o diferente de la que ha sido hasta ahora. Siempre deberíamos tener una capacidad en la reserva de la que podamos echar mano si es necesario. Como expresé anteriormente, a medida que seguimos el viaje de la sabiduría necesitamos ser flexibles en el modo en que perseguimos nuestro propósito general, y en el modo en que puede manifestarse en diversos periodos y expresiones.

Empresas que van bien diversifican con frecuencia a fin de generar ingresos adicionales y seguir siendo relevantes en el mercado. A veces compran otra empresa que no está relacionada específicamente con el negocio principal que inicialmente les hizo ser exitosas. La adquisición les permite tener fondos adicionales para invertir en el negocio principal o para usarlos como un amortiguador. Podemos emplear el mismo principio en nuestras vidas, generando ingresos secundarios para suplementar nuestra fuente principal de ingresos a medida que seguimos nuestro llamado o visión.

¿Cómo podemos ampliar nuestras fuentes de ingresos? Nuestras fuentes adicionales de ingresos, igual que nuestra fuente principal, estarán relacionadas con nuestros dones y talentos únicos. Puede que estén o no estén directamente relacionadas con nuestro don principal. Aunque deberíamos enfocarnos en nuestro don dominante, podemos utilizar dones secundarios para generar fuentes subsidiarias de ingresos. Muchas personas no se dan cuenta de la creatividad y las capacidades para hacer dinero que tienen en su interior.

A medida que considera desarrollar fuentes adicionales, tenga en mente que siempre que generamos ingresos, se nos paga por *lo que sabemos* o por *lo que podemos hacer*, o por ambas cosas. Intercambiamos nuestro conocimiento, creatividad, ideas, habilidades y productividad por una compensación. Tener más bienes o servicios disponibles para intercambiar nos da más acceso potencial a tener ingresos. Por lo tanto, descubra lo que quieren otras personas en relación con los talentos que usted tiene. Su fuente secundaria (o subsiguiente) de ingresos podría ser cualquiera de las siguientes: consultoría para empresas, diseño y mantenimiento de sitios web, escribir artículos en revistas, dar charlas motivacionales, hacer los documentos de impuestos para personas, ser tutor de niños en un tema específico, enseñar lecciones de música, cortar y peinar cabello, diseñar tarjetas de felicitación, vender galletas gourmet, ofrecer lecciones de cocina, lavar vehículos, hacer paisajismo, o multitud de otras posibilidades. Desarrolle un mercado o negocio que importe a las personas porque cubre una necesidad en sus vidas o añade al crecimiento o la seguridad de su empresa. A veces, una fuente secundaria tiene tanto éxito que sobrepasa a una fuente primaria.

TENER MÁS BIENES O SERVICIOS DISPONIBLES PARA INTERCAMBIAR NOS DA MÁS ACCESO POTENCIAL A TENER INGRESOS.

Nadie va a intercambiar su riqueza por el talento o la creatividad que usted tiene si usted no provee un medio para que pueda intercambiarse. Había dos jóvenes de veintitantos años que vieron una necesidad y crearon una empresa llamada *Dropbox*. Steve Jobs vio inmediatamente su potencial y organizó una reunión con ellos. Les ofreció comprar su empresa por un precio de nueve dígitos, pero ellos declinaron la oferta. Sabían el tremendo valor de su idea, y entendieron que tenían una fuerte ventaja para poder negociar con ella en el mercado. Ahora su empresa vale miles de millones. En cualquier cosa que decida emprender, sea a gran escala o pequeña escala, desarrolle algo de valor, y conozca el valor de lo que tiene.

SEA DUEÑO DE SU PROPIA CASA

Creo que ser dueño de una casa propia es el fundamento para toda otra construcción de riqueza, y que por lo general tiene sentido, financieramente hablando, comprar su propia casa en lugar de alquilar. Es difícil avanzar mientras está alquilando porque aunque recibirá algunos servicios de los dueños del inmueble a cambio de su dinero, nada de ese dinero regresará a usted como lo haría si usted fuera el dueño de su propia casa y decidiera venderla. Muchas personas no se dan cuenta de que alquilar es a menudo tan caro como una hipoteca, y a veces más caro. Si se convierte usted en propietario, puede comenzar a construir patrimonio neto. Necesitará tener en cuenta en su presupuesto, mantenimiento adicional de la casa y gastos de seguro, pero a larga saldrá ganando.

HAGA INVERSIONES SABIAS

Notemos que no estamos listos para invertir hasta que no tengamos deudas. No tiene sentido invertir en algo que nos dará incluso un 6 por ciento de beneficio si ya estamos pagando un 23 por ciento en la deuda de nuestra tarjeta de crédito. Pero si hemos liquidado nuestra deuda, invertir sabiamente nos permitirá multiplicar la inversión en lugar de multiplicar la deuda.

Mientras pedir prestado dinero le roba a su futuro para mejorar su presente, invertir dinero retira cierta cantidad de su presente para mejorar su futuro. Además, cuando ahorramos, sumamos; cuando invertimos, multiplicamos. Y en la economía actual, los tipos de interés para las cuentas de ahorro suman muy poco a la cantidad. Por lo tanto, considere invertir parte del dinero que ha comenzado a ahorrar o que está generando, mediante una fuente secundaria de ingresos.

Cuando invierta, es mejor diversificar. No ponga todos los huevos en una sola cesta, y evite invertir en algo que no entienda. Un amigo puede que le hable de una "gran" oportunidad de inversión, pero podría no ser usted capaz de averiguar lo suficiente al respecto para evaluar si es probable que salga bien. Sea cauteloso y no caiga en ninguna trampa de las que dicen:

"Hágase rico rápidamente". Encuentre a un agente de buena reputación y después examine lo que se le ofrece, para poder tomar la mejor decisión.

Recuerde que las cosas que dan el mayor beneficio implican el mayor riesgo. En general, mientras más joven sea, más puede invertir en planes de altos beneficios que tienen un alto riesgo, pero aun así querrá diversificar. Si pone todo en una sola entidad y eso falla, perderá todo lo que haya invertido. Mientras más envejece, menos riesgo puede permitirse correr porque tiene menos tiempo para compensar la diferencia si el mercado tiene una caída o un fondo va mal. A medida que las personas envejecen, por lo general acuden a inversiones más conservadoras.

MIENTRAS PEDIR PRESTADO DINERO LE ROBA A SU FUTURO PARA MEJORAR SU PRESENTE, INVERTIR DINERO RETIRA CIERTA CANTIDAD DE SU PRESENTE PARA MEJORAR SU FUTURO.

UTILICE DINERO GRATUITO

Si está empleado por una empresa que iguala a sus empleados, dólar a dólar, las aportaciones a fondos de jubilación, considere seriamente utilizar esa opción. Así acumulará ahorros adicionales para la jubilación sin que le cueste nada. Un plan de jubilación le permitirá diferir los impuestos sobre el dinero hasta que se retire y comience a utilizarlo. Hay ventajas y desventajas en los planes que difieren impuestos, de modo que determine cuál plan es el correcto para usted. También puede haber beneficios y ahorros adicionales que su empresa ofrece o que puede obtener mediante otros negocios u organizaciones con los cuales esté asociado. Haga uso de todo el dinero gratuito disponible para usted.

ADQUIERA SEGUROS

Los seguros de propietario, de alquiler, de vida, de automóvil, y otras formas de seguros protegen sus bienes. Aunque puede pedir prestado dinero en algunas pólizas de seguros, nunca use su póliza de seguros como una inversión. Adquiera un seguro de vida para proveer beneficios por defunción, y dar a sus sobrevivientes algo de dinero para seguir viviendo mientras se ponen en orden los asuntos de herencia.

ESTABLEZCA UN FONDO DE EMERGENCIAS

No es una cuestión de *si* llegarán tormentas (ya sean literales o figuradas) a nuestras vidas, sino *cuándo*. ¿Y si de repente se enfrenta con facturas médicas exorbitantes o tuvo una larga baja laboral médica? ¿Y si se quedara sin empleo durante un año? Supongamos que se encontrara frente a una cara demanda aunque no fue culpa de usted. ¿Y si el trato de negocios que pensó que era una oportunidad maravillosa terminó siendo una pesadilla, de modo que perdió dinero en lugar de ganarlo? ¿Y si su auto necesitara varias reparaciones y al mismo tiempo tuviera que sustituir un electrodoméstico? ¿Y si su casa se inundara tras un huracán? ¿Tiene un plan para proporcionar fondos para tales posibilidades?

Esos tipos de cosas suceden en los momentos más inoportunos, ¿no es cierto? Por ejemplo, ¡los electrodomésticos nunca se estropean cuando su cuenta bancaria rebosa de dinero! Como escribí en el capítulo "La Sabiduría Planifica con Antelación", al hablar de tales cosas no estoy intentando ser negativo, sino práctico; necesitamos esperar problemas y hacer provisión con antelación para las emergencias. Construir un fondo de emergencias aliviará la tentación o la necesidad de que eche mano de sus ahorros a largo plazo durante esos periodos; le dará un colchón financiero para estar preparado para lo inesperado y lo inevitable.

DONE CARITATIVAMENTE

Creo que donar caritativamente a causas benévolas, como una organización humanitaria o la iglesia local, nos será devuelto en algún momento en una forma de bendición: financiera o de otro tipo. Lo que damos a otros podría salir de nuestra mano, pero no saldrá de nuestra vida. Jesús enseñó: *"Den, y se les dará: se les echará en el regazo una medida llena, apretada, sacudida y desbordante. Porque con la medida que midan a otros, se les medirá a ustedes"*.[30] Y Proverbios dice: *"Honra al Señor con tus riquezas y con los*

---

30. Lucas 6:38 (NVI).

primeros frutos de tus cosechas. Así tus graneros se llenarán a reventar y tus bodegas rebosarán de vino nuevo".[31]

Aparte de cualquier beneficio material que pueda llegarnos por ayudar a otros, el acto de dar nos proporciona bienestar de otras maneras. Por ejemplo, hace unos años oí de un estudio que captó mi atención porque indicaba que se puede comprar la felicidad, mientras no gastemos el dinero en nosotros mismos. Los investigadores hicieron un experimento en el que se les daba a personas aleatoriamente cinco dólares o veinte dólares. A algunos se les decía que gastaran el dinero en ellos mismos, mientras que a otros se les decía que lo donaran; todo ello antes de las cinco en punto esa misma tarde. ¿Qué sucedió al final del día? Los investigadores reportaron:

> Los individuos que gastaron dinero en otras personas, que participaron en lo que denominamos "gasto prosocial", eran más felices, de una manera medible, que quienes gastaron dinero en sí mismos, aunque no había ninguna diferencia entre los dos grupos al comienzo del día... Cómo gastaron el dinero importó mucho más que la cantidad que les dieron.[32]

Cuando las personas dieron a otros, ya fueran solo cinco dólares o veinte dólares, eso les hizo sentirse más felices. Ese fue el caso aunque el dar era su "tarea". Esto corrobora el principio bíblico de *"más bienaventurado es dar que recibir".*[33] A menudo imaginamos que comprar y tener cosas nos hará más felices; pero en definitiva, dar a otros no solo beneficiará a quienes reciban, sino también nos levantará a nosotros, trayéndonos más gozo y satisfacción en la vida.

Permítame añadir como conclusión que siempre deberíamos ejercer un buen juicio cuando damos, en lugar de donar de manera indiscriminada, porque desgraciadamente hay ciertas personas por ahí que buscan manipular a personas generosas con engaños a fin de quedarse con su dinero. Hay también organizaciones que desperdician donativos a la beneficencia mediante un mal uso. Grupos como *Charity Navigator* pueden ayudarle a

---

31. Proverbios 3:9-10 (NVI).
32. Elizabeth W. Dunn y Michael I. Norton, "How to Make Giving Feel Good", 18 de junio de 2013, https://greatergood.berkeley.edu/article/item/how_to_make_giving_feel_good.
33. Hechos 20:35.

identificar las mejores organizaciones benéficas. No tenemos que permitir que las malas motivaciones de algunas personas o su mala administración eviten que mostremos compasión a quienes tienen necesidad, y que utilicemos nuestro superávit para hacer un futuro mejor para otros.

> "LA ÚNICA RIQUEZA QUE CONSERVARÁS
> PARA SIEMPRE ES LA RIQUEZA
> QUE HAS OBSEQUIADO".
> —MARCO AURELIO

REVISE SUS HÁBITOS FINANCIEROS MENSUALMENTE

Repase mensualmente sus planes de gasto y ahorro al igual que sus metas financieras globales, para asegurarse de estar en el buen camino. Si no evalúa continuamente sus hábitos y planes financieros, no puede mejorarlos, y no sabrá realmente en qué dirección se está moviendo fiscalmente, ni podrá calibrar su progreso.

CONSEJOS Y RECORDATORIOS ÚTILES

A continuación tenemos algunos consejos y recordatorios útiles a medida que pone en práctica las anteriores estrategias:

+ *Recuerde pagarse a usted mismo.* Es fácil quedar enredado en pagar facturas y otros gastos de modo que pagamos a todos los demás, pero olvidamos pagarnos a nosotros mismos para construir nuestro futuro. Haga que ahorrar e invertir sea un hábito.

+ *Comience pronto: cuanto antes, mejor.* Eso significa ahora. Si es usted joven, no espere para comenzar a ahorrar. Si es mayor y debería haber comenzado a ahorrar hace años, pero ha descuidado el hacerlo, el siguiente mejor momento es desde ahora.

+ *Comience con poco.* Comience con lo que tiene, y haga todo lo que pueda con lo que tiene, aunque solo sea una cantidad pequeña.

+ *Sea consistente.* Cuando comience a ahorrar e invertir, sea consistente en ello porque es fácil perder de vista sus metas y desviarse del rumbo. Repito que podría hacer arreglos para que sea depositado dinero directamente de su salario a su cuenta de ahorro o de inversión, para mantener su crecimiento financiero. Su dinero finalmente se acumulará.

+ *Edúquese usted mismo.* Para tomar las mejores decisiones fiscales, aprenda más sobre presupuestar, planificación financiera e inversión mediante libros fiables, sitios en la Internet, seminarios y conferencias, al igual que el conocimiento fiable y la experiencia de familiares, amigos y conocidos.

+ *Establezca una fuente de ingreso antes de ampliar.* Cuando cree fuentes de ingreso adicionales, no amplíe una empresa que aún no esté produciendo beneficio, porque agotará sus recursos. Por ejemplo, si la ubicación inicial de su negocio no es solvente aún, no es sabio abrir una segunda ubicación. Necesita esperar una curva de aprendizaje a medida que va obteniendo conocimiento de su experiencia, crece por sus errores, y descubre cómo hacer que la empresa sea exitosa. Cuando comience a ver un beneficio y tenga fondos más que suficientes para mantener y hacer crecer el primer negocio, puede pensar en ampliar.

+ *Siempre ejerza la integridad.* Proverbios dice: *"Las riquezas de vanidad disminuirán; pero el que recoge con mano laboriosa las aumenta".*[34] Use siempre integridad en sus tratos financieros, y cuando intercambia sus bienes o servicios. Nadie se mantendrá en los negocios por mucho tiempo si es fraudulento con los clientes, si no cumple su palabra, y si no mantiene un buen servicio al cliente. Creará relaciones públicas negativas, y se correrá la voz. Los negocios se tratan de construir relaciones con clientes, y desarrollar negocios repetidos al igual que nuevos clientes.

+ *Reconozca que construir riqueza requiere una cuidadosa planificación, trabajo duro, y perseverancia.* Construir riqueza nunca es tan fácil como algunas personas hacen que parezca. Vemos sus resultados,

---

34. Proverbios 6:11.

pero no vemos el trabajo que hay entre bambalinas. Trabajar duro y trabajar bien a medida que sigue principios de sabiduría le conducirá a beneficios financieros.

BENEFICIOS DE UNA VIDA CON SABIDURÍA

+ Identificar nuestras prioridades financieras y planificar con antelación nos permite suplir nuestras necesidades y metas monetarias.

+ Establecer un presupuesto mensual nos permite trabajar hacia prioridades a largo plazo a medida que satisfacemos necesidades de cada día; también refuerza nuestras metas estableciendo parámetros mediante los cuales podemos gastar e invertir nuestro dinero sabiamente.

+ Podemos comenzar a acumular superávit gastando menos de lo que ganamos, aprovechando al máximo lo que tenemos, saliendo de la deuda sistemáticamente, acumulando ahorros, creando fuentes adicionales de ingreso, siendo dueños de nuestra propia casa, haciendo inversiones sabias, utilizando dinero libre, estableciendo un fondo de emergencias, dando caritativamente, y repasando mensualmente nuestros hábitos, planes y metas financieras.

+ Trabajar duro y trabajar bien a medida que seguimos principios de la sabiduría conducirá a beneficios financieros.

APLICAR LA SABIDURÍA

1. ¿Cuántas de las estrategias financieras de este capítulo está siguiendo actualmente?

2. ¿En qué áreas podría mejorar o ampliar?

3. ¿De qué maneras podría utilizar su don dominante o dones secundarios para generar fuentes adicionales de ingreso?

4. Haga un plan para implementar al menos una estrategia financiera este mes, y actúe sobre ella.

PARTE 3
LA SABIDURÍA DESAPARECE LOS OBSTÁCULOS

11

LA SABIDURÍA EVITA LA POSTERGACIÓN

"La única diferencia entre éxito y fracaso es
la capacidad de emprender la acción".
—Alexander Graham Bell

A lo largo de este libro hemos estado viendo principios estratégicos de sabiduría para el éxito. Hay muchas cosas que podemos hacer que nos habilitarán para seguir mejor nuestro propósito en la vida, y crecer personalmente y profesionalmente. Sin embargo, con frecuencia veo a personas que quieren lograr sus sueños y metas, que entienden los principios, pero se contienen de utilizarlos. Vacilan en dar ese primer paso. O hacen un buen comienzo, y después se estancan en el proceso porque parece que no son capaces de dar el paso siguiente. Terminan postergando y, por lo tanto, perdiendo mucho tiempo en el que podrían haber estado persiguiendo y logrando metas importantes en la vida. Como dijo sabiamente Benjamín Franklin: "Usted podría demorarse, pero el tiempo jamás lo hará".

Todos nosotros hemos postergado con respecto a algo. Podría ser una tarea tan importante como comenzar la visión para nuestra vida, o una tarea tan pequeña como un sencillo quehacer diario. Por diversas razones nos demoramos, nos estancamos, o esperamos a que suceda algo en lugar de tomar acción.

¿Por qué es que a veces postergamos cosas que *queremos* hacer, y no tan solo las cosas que *no* queremos hacer? Y ¿qué debemos hacer cuando parece que no podemos comenzar o dar el siguiente paso? La vida dirigida por la sabiduría nos guía a descubrir y abordar las causas de nuestra postergación, liberándonos para seguir adelante y así poder lograr exitosamente lo que queremos hacer y lo que necesitamos hacer. Este capítulo reforzará algunos de los principios que hemos cubierto anteriormente, a la vez que nos mostrará cómo entrar en ellos más de lleno.

> "USTED PODRÍA DEMORARSE,
> PERO EL TIEMPO JAMÁS LO HARÁ".
> —BENJAMÍN FRANKLIN

RAZONES POR LAS QUE POSTERGAMOS

Las siguientes son razones que expertos en el manejo del tiempo y otras personas han dado como razones por las cuales las personas postergan.

TEMOR Y PREOCUPACIÓN

La mayoría de las personas tienen una tendencia a posponer lo que temen hacer. No puedo contar las veces en que los temores de las personas evitan que actúen con respecto a algo, incluso cuando tienen un deseo profundo de hacerlo. Podríamos temer ser criticados o que se rían de nosotros, o podríamos temer no estar a la altura de la tarea. Quizá tengamos miedo a lo desconocido, o podríamos carecer de la valentía para embarcarnos en un nuevo curso en la vida. O quizá nos preocupa el fracaso.

La preocupación es una forma de temor particularmente destructiva porque nos carcome, y puede paralizarnos y evitar que hagamos cualquier progreso. Hace que nos resulte difícil pensar con claridad porque continuamente estamos enfocados en la idea de que sucederá algo negativo. Seth Godin escribió: "La ansiedad es la experiencia anticipada del fracaso".[35]

35. Véase sethgodin.typepad.com/seths_blog/2010/03/anxiety-is-nothing-but-repeatedly-experiencing-failure-in-advance.html.

TENER DEMASIADOS COMPROMISOS, O SENTIRNOS ABRUMADOS

Otra razón para la postergación es tener demasiados compromisos. ¿Se ha comprometido alguna vez a algo, y después se culpó por ello porque realmente no tenía el tiempo para hacerlo? Tener demasiado que hacer en muchos niveles diferentes en nuestra vida puede causar que estemos emocionalmente o mentalmente bloqueados, porque las diversas responsabilidades parecen estar tirando de nosotros, todas al mismo tiempo. No sabemos qué tarea comenzar primero o cómo será posible que logremos hacerlo todo. Podríamos esperar hasta el último instante para ocuparnos de la necesidad más urgente del momento, causándonos a nosotros mismos estrés y falta de sueño, y quizá tensando nuestras relaciones.

De modo similar, podríamos postergar al enfrentarnos con un trabajo o una tarea en particular que nos parece demasiado grande para realizarla. En lugar de abordarla, puede que trabajemos en cualquier cosa *excepto* eso, incluidas varias tareas más pequeñas y menos importantes, dejando sin hacer la tarea más grande. O podemos sentirnos tan abrumados que no trabajamos en nada. Muchas personas esperan hasta que sus sentimientos de estar abrumadas pasen, antes de ponerse en movimiento y volver a trabajar en algo. Pero para entonces, con frecuencia ya se ha producido algún daño o hay alguna consecuencia que enfrentar: una ventana de oportunidad perdida debido a una propuesta de negocio que nunca fue redactada, un cliente enojado que esperaba que un trabajo fuera completado, multas del Departamento de Hacienda debido a impuestos no pagados, y muchas otras.

LA INDECISIÓN

Otra razón por la que las personas postergan es que están atascadas en la indecisión acerca de qué rumbo tomar o cuál elección hacer. En una ocasión fui a un restaurante cuyo menú tenía *quinientos* platos. No había estado allí nunca, de modo que no sabía cuáles entrantes eran particularmente buenos allí; no tenía mucha información que me ayudara a hacer una elección final. Nuestra camarera llegó inmediatamente a la mesa, anotó nuestros pedidos de bebida y dijo: "¿Están listos para pedir?". Yo dije: "¡Va a tomar un minuto! Deme algún tiempo". Simplemente no era capaz de decidir lo que quería comer. Algunas veces, la vida se parece a eso. Nos enfrentamos a demasiadas opciones o a dos o tres opciones buenas que hacen que sea difícil tomar una decisión concreta, especialmente porque queremos tomar la mejor decisión. No sabemos cómo decidir finalmente, así que decidimos no decidir, aunque realmente hay que tomar una decisión.

FALTA DE UNA FECHA LÍMITE

La falta de una fecha límite específica puede causar a menudo que pospongamos trabajar en un proyecto. Si nadie está esperando algo de nosotros en un tiempo en particular, podríamos comenzar a pensar que en realidad no importa tanto cuándo se haga, o si se hace. O desarrollamos la falsa perspectiva de que tenemos todo el tiempo del mundo para terminarlo. Esta mentalidad es especialmente problemática para personas que trabajan por su cuenta, o que trabajan independientemente en metas de desarrollo personal donde la motivación tiene que llegar totalmente desde dentro, y no desde una fuente externa.

INSTRUCCIONES O METAS POCO CLARAS

La mayoría de nosotros hemos tenido la experiencia de viajar de vacaciones o hacer un viaje de negocios en el que nos hemos quedado en un hotel o en la casa de algún amigo que vive en el área. Nos despertamos en la noche teniendo sed y queremos un vaso de agua, pero la habitación está oscura y estamos en un entorno que no nos resulta familiar. En esos casos, no simplemente nos levantamos y vamos hasta el cuarto de baño o la cocina para buscar el vaso de agua, porque no estamos totalmente orientados con respecto a dónde están los muebles en la habitación o cómo está distribuida la casa, y no queremos chocar con algo. Puede que decidamos esperar hasta que llegue la mañana. Si nos levantamos, con frecuencia tenemos que movernos lentamente por la habitación hasta que podamos encontrar una luz que encender o abrir una puerta para que entre algo de luz. De manera similar, si nuestras instrucciones sobre una tarea en particular son confusas o nuestras metas para un esfuerzo son poco claras, estaremos palpando en la oscuridad, y puede que dejemos a un lado una tarea para trabajar en otra cosa que entendamos mejor. O si trabajamos en ello, lo hacemos muy lentamente, realizando poco progreso hasta que podamos tener más claridad al respecto.

RESENTIMIENTO

Cuando resentimos hacer una tarea, con frecuencia demoramos su comienzo. A veces, en el lugar de trabajo, cuando las personas reciben una tarea que consideran difícil o poco razonable, e incluso innecesaria, puede que piensen: ¡No me pagan suficiente para estar haciendo eso! Debido a que resienten hacer lo que les han pedido que hagan, la tarea se queda muy abajo en su lista de prioridades, y puede que la pospongan indefinidamente.

A veces, puede que no resientan la tarea, sino a la persona que les pidió que la hicieran. Podrían haber tenido desacuerdos o choques de temperamento anteriores con la persona; o podrían sentir que la persona les ha tratado mal o les ha menospreciado. Aunque saben que deberían estar trabajando en la tarea, rechazan hacerlo porque quieren estar en control de la situación; sienten que si hacen lo que esa persona les dice que hagan, es una forma de rendición, y no quieren sentirse vulnerables o volver a ser heridos. Cualquiera que sea la razón del resentimiento, el trabajo no se hace.

DISTRACCIONES

Las interrupciones no son siempre distracciones; algunas veces son necesarias o inevitables en el curso de nuestra vida y nuestro trabajo. Pero las verdaderas distracciones nos tientan a hacer algo que sea más agradable o interesante que la tarea que tenemos entre manos. Podríamos estar en nuestro escritorio en el trabajo un lunes en la mañana cuando pasa por allí un compañero de trabajo para entregar algo, y la visita se convierte en una conversación de una hora acerca del partido de fútbol del domingo, y cuáles son las oportunidades que tiene este año el equipo local. O estamos investigando algo para nuestro negocio en la Internet cuando vemos otra historia acerca de un tema que no está relacionado, pero de todas formas la leemos porque es más divertida que el trabajo que tenemos que hacer. Las distracciones pueden llevarse gran parte de nuestro tiempo, haciendo que demoremos hacer progreso en metas y proyectos importantes.

FATIGA

A veces, nos encontramos postergando tareas o no haciendo mucho progreso en ellas simplemente porque estamos físicamente fatigados, lo cual hace difícil que nos concentremos bien y trabajemos con eficiencia.

SENTIRNOS TRISTES O DEPRIMIDOS

Sentirse triste es otra razón común para la postergación. No estamos motivados para hacer nada porque estamos enfocados en pensamientos que nos ponen tristes o nos desalientan. Además, la verdadera depresión médica puede causar que las personas pierdan interés en la vida, en sus metas, e incluso en hacer tareas sencillas.

PERFECCIONISMO

Las personas que tienen tendencia al perfeccionismo puede que eviten comenzar una tarea o avanzar mucho en un proyecto, porque sienten que no serán capaces de hacerlo tan bien como podrían hacerlo o deberían hacerlo debido a límites de tiempo, a una preparación o investigación insuficiente, o un entorno que no es propicio. Todo eso evita que logren diversas metas y responsabilidades que probablemente son capaces de completar bien.

TAREAS QUE NO SON PLACENTERAS, O SON ABURRIDAS

La sencilla razón de que una tarea no sea placentera o sea aburrida con frecuencia hace que posterguemos realizarla. Como dijimos anteriormente, con cada sueño o visión hay algunas tareas que hay que hacer aunque no sean inspiradoras, y puede que no utilicen nuestros dones primarios. Cuando un trabajo es aburrido, tedioso o desagradecido, existe una tremenda tentación a dejarlo para otro momento, incluso si hacer eso nos demorará en otros aspectos.

EL DESEO DE ATENCIÓN

Podríamos postergar hacer algo si no creemos que recibiremos mucho reconocimiento por ello, y no avanza nuestra propia agenda. Le damos una baja prioridad y la colocamos detrás de tareas más visibles que destacan nuestras fortalezas, y les muestran a los demás lo que podemos hacer.

PEREZA/APATÍA

Hemos de admitirlo: a veces somos perezosos y no tenemos ganas de hacer algo. Otras veces, puede que no sintamos ninguna conexión con una tarea en particular o con la persona que nos asignó el trabajo, de modo que nos volvemos apáticos al respecto, y se queda sin hacer. Lograr nuestras metas y completar las tareas necesarias requiere motivación, disciplina y esfuerzo.

CON CADA SUEÑO O VISIÓN,
HAY ALGUNAS TAREAS QUE HAY QUE HACER
AUNQUE NO SEAN INSPIRADORAS O NO UTILICEN
NUESTROS DONES PRIMARIOS.

ESTRATEGIAS PRÁCTICAS PARA VENCER LA POSTERGACIÓN

Aquí tenemos algunas estrategias prácticas para ayudarnos a avanzar y hacer progreso en nuestras metas o tareas cuando las estemos postergando. Estas estrategias pueden aplicarse a cualquier área de la vida en la que estemos experimentando los síntomas de la postergación.

IDENTIFICAR LA(S) CAUSAS(S) SUBYACENTE(S)

En primer lugar, tiene que identificar lo que está contribuyendo específicamente a la postergación, para así poder saber cuáles son las mejores soluciones a aplicar. Repase las razones anteriores y decida cuáles le están influenciando para evitar hacer lo que quiere hacer y necesita hacer en este momento. Por ejemplo, si el problema es el temor o la preocupación, ¿qué es exactamente lo que le preocupa o le tiene ansioso? Detecte el temor específico, y reconozca cómo le está afectando. Después utilice las soluciones aplicables en las estrategias que siguen para dejar atrás esos temores iniciales y comenzar.

ESTABLEZCA FECHAS LÍMITES

Si tiende a postergar hacer las cosas para las que no hay un límite definido de tiempo, recuerde que una meta es un sueño con una fecha límite. Propóngase poner fechas a lo que quiere hacer, fijar el tiempo, el lugar, el espacio, y todas las herramientas o recursos que necesitará para trabajar de modo efectivo. Recuerde que no solo necesita priorizar su horario; también necesita agendar sus prioridades: las cosas que están verdaderamente cerca de su corazón. De otro modo, no se harán.

Nunca demos el tiempo por sentado El salmista escribió: *"Enséñanos de tal modo a contar nuestros días, que traigamos al corazón sabiduría".*[36] Actúe como si no fuera a vivir para siempre (no vivirá), de modo que comience a maximizar su tiempo ahora. En el capítulo "La Sabiduría Crea Hábitos Ganadores, Parte 2: Prácticas positivas para el éxito", hablamos sobre metas inteligentes: las metas que establecemos para nosotros mismos deben ser medibles, específicas, a tiempo definido, alcanzables, y sensatas o realistas. Por lo tanto, asegúrese de establecer metas y después desarrollar un calendario para completarlas. Esto le ayudará a fijar fechas límite, y a rendir cuentas ante usted mismo por trabajar hacia esas metas.

NUNCA DEMOS EL TIEMPO POR SENTADO.

APRENDA A DECIR "NO"

Como hemos visto, las personas exitosas han aprendido a decir no a asuntos menos importantes para así poder decir sí a actividades y tareas que están en consonancia con sus prioridades. Con frecuencia requiere práctica y valentía, el declinar hacer algo opcional o voluntario que otra persona le pide que haga, en especial cuando la persona que lo pide es un familiar o un amigo. Pero aprender a decir no nos produce libertad, ayudándonos a evitar la postergación debido a estar demasiado cargados.

SIMPLEMENTE...¡EMPIECE!

Algunas veces, cuando se encuentra posponiendo una tarea, la clave es sencillamente comenzar *por alguna parte*. Si se siente abrumado por una tarea muy grande, comience a trabajar en uno de sus aspectos, sin importar cuán pequeño sea. Con frecuencia, rápidamente se verá involucrado en lo

---

36. Salmos 90:12.

que está haciendo, comenzarán a fluir las ideas, y sabrá cómo continuar y terminar el trabajo. Y considere el consejo de Dale Carnegie, que dijo: "Haga las tareas difíciles primero. Las tareas fáciles se ocuparán de sí mismas".

DIVIDA SUS TAREAS EN PARTES MANEJABLES

Adicionalmente, cuando se sienta abrumado por un trabajo grande, recuerde dividir sus tareas en partes más sencillas y más manejables, y trabaje en ellas poco a poco. Piénselo así: ¿administra su año entero en una sola vez? Nadie lo hace. Tenemos que dividir las metas anuales en metas trimestrales, las metas trimestrales en metas mensuales, las metas mensuales en metas semanales, y las metas semanales en metas diarias. Algunas veces hay que dividir las metas diarias en metas de cada hora.

Por lo general, no es muy beneficioso trabajar en algo tan solo una vez por semana, aunque puede variar con la meta. Si tiene planes y aspiraciones para su vida, pero no hace espacio para ellos en su agenda diaria, probablemente nunca sucederán. Pruebe a comer una vez por semana. Pruebe a hacer ejercicio una vez por semana. Nadie le dirá nunca que comer o hacer ejercicio una vez por semana es suficiente. Como hemos visto, el éxito se encuentra en nuestras rutinas diarias.

DELEGUE

No siempre tiene que hacerlo todo usted mismo. Cuando se sienta inundado y se vea dejando a un lado tareas importantes, aprenda a delegar ciertos trabajos a otras personas, quitando de su plato algunas responsabilidades. Por favor, observe que hay una diferencia inmensa entre delegar y "soltar". Si usted le da un trabajo a alguien que sabe que es irresponsable o no es la persona adecuada para ese trabajo, entonces no delegó, sino que se limitó a descargar la tarea, porque probablemente seguirá estando ahí más adelante. Por lo tanto, soltar es el equivalente a la postergación continuada. En cambio, delegue tareas a personas responsables que sepa que son competentes para ocuparse de ellas.

TOME UNA DECISIÓN

Si hay una decisión que usted tiene que tomar, no se mantenga suspendido entre opciones, oscilando de atrás para delante, y postergando. La decisión, no la casualidad, determina nuestro destino. Cada opción es una decisión de asumir responsabilidad, porque cada decisión tiene un resultado o consecuencia correspondiente. Cuando usted decide, está diciendo: "Estoy dispuesto a hacerme responsable de esta decisión". Por eso yo no tomo decisiones por otras personas. Les ayudaré con información que les equipe para tomar una decisión informada, pero son ellos quienes tienen esa responsabilidad.

Si espera hasta poder ver el camino por delante con una claridad perfecta, nunca decidirá nada. Y si espera a no tener más preguntas, probablemente haya esperado demasiado tiempo. La indecisión es una señal de que usted no confía en su criterio, ni está seguro de su capacidad para tomar decisiones. Martin Luther King Jr. dijo: "No tenemos que ver la escalera completa, tan solo subir el primer peldaño". Mientras pueda ver ese primer peldaño, puede tomar alguna acción.

Elija decidir y asumir responsabilidad; incluso si resulta ser una mala decisión, al menos podrá aprender algo de ello. ¡Aprenderá a no volver a hacer eso! Obtenga toda la información que pueda a fin de tomar la decisión más informada posible. Después no tenga temor a tomar una decisión. Por lo general, cuando decidimos, se liberan en nosotros valentía y energía. Como dice la frase: "El éxito no es para unos pocos escogidos, sino para los pocos que lo escogieron". Quienes se niegan a tomar una decisión de escoger serán sobrepasados por otra persona que sí tenga la valentía para tomar esa decisión.

NUESTRAS DECISIONES DETERMINAN DESTINO.

REESTRUCTURE TAREAS CUANDO SEA POSIBLE

Reestructurar tareas y llegar a ser más eficiente en ellas también puede ayudarnos a dejar atrás la postergación. ¿Está incorporando pasos innecesarios a un proyecto o tarea que hacen que tome más tiempo y parezca más tediosa, haciendo que se incline más a posponerla, o a posponer otros proyectos mientras trabaja en ello? Aprender a ser más eficiente, ¿le aliviaría de parte de la carga que está sintiendo? Tome un tiempo para considerar el proceso de lo que está haciendo y cómo podría hacer cambios para mejorar este proceso, reduciendo su carga.

ELIMINE DISTRACCIONES

Cuando verdaderas distracciones estén evitando que haga algo que tiene que hacer, haga un plan para eliminarlas. Por ejemplo, si su teléfono inteligente, iPad u otro aparato electrónico, le tienta a alejarse de trabajar en un proyecto, póngalo en otra habitación o apáguelo durante un tiempo. Trabaje en una habitación donde no haya televisión ni acceso a la Internet. Si necesita utilizar la Internet para consultar, enfóquese solamente en esa consulta, en lugar de revisar su correo electrónico o pulsar en titulares de noticias o artículos no relacionados. Si ve un artículo en línea que le parece beneficioso, pero no está relacionado con su proyecto inmediato, guarde rápidamente la dirección, o el sitio, y vuelva a mirarlo más adelante. Si hay personas que le están distrayendo innecesariamente, sea cortés y claro acerca de su necesidad de enfocarse en algo sin que le interrumpan. Guarde y preserve su tiempo.

OBTENGA CLARIDAD

Las metas son como los imanes: mientras más clara sea su meta, más le atrae hacia ella. ¿Recuerda el escenario de estar lejos de su casa y necesitar levantarse en la noche en un entorno poco familiar, buscando en la oscuridad para encender una luz? En cuanto encontramos el interruptor y lo encendemos, de repente tenemos claridad de visión, y podemos movernos rápidamente y con confianza. De igual manera, tener claridad de visión para una meta o proyecto nos acelerará para completarlo.

Si en el trabajo le asignan una tarea que no entiende totalmente, en lugar de posponer la tarea, pregunte a su supervisor o a un compañero de trabajo para que se la explique. La confusión podría esclarecerse en cinco minutos. O si está trabajando hacia su visión y llega a un punto en el que no sabe cómo proceder, llame o envíe un correo electrónico a alguien en el mismo campo con quien haya establecido una relación profesional, y pregúntele cuál cree que debería ser el siguiente paso. Lea libros útiles y busque artículos relevantes en la Internet. No tenga temor a hacer preguntas y a investigar respuestas cuando se sienta inseguro. Si no pregunta, no puede aprender, y no podrá progresar.

LAS METAS SON COMO LOS IMANES: MIENTRAS MÁS CLARA SEA SU META, MÁS LE ATRAE HACIA ELLA.

REENFOQUE SU MOTIVACIÓN

¡Es notable qué diferencia puede marcar un pequeño ajuste de actitud en medio de la postergación! Por ejemplo, supongamos que usted alberga resentimiento hacia alguien que le dio una tarea que hacer, así que demora el trabajo. Cuando reconoce su motivación para posponer el trabajo en el proyecto, puede reenfocar su perspectiva y cambiar sus acciones. No permita que esos malos sentimientos interfieran en completar una tarea importante y necesaria. Libere su resentimiento, y haga la tarea de todos modos por usted mismo y por el grupo, empresa u organización en general. Busque desempeñar sus tareas con excelencia, independientemente de quién las esté delegando. Le beneficiará a la larga, y también se sentirá mucho mejor con respecto a su desempeño.

PERMÍTASE UN CAMBIO DE RITMO

Cuando está muy metido en una tarea, a veces puede ser útil tomar un pequeño receso para hacer un cambio de ritmo, como dar un paseo por los pasillos de su lugar de trabajo o afuera, ir a beber algo, hacer una llamada rápida a un familiar, algo que refrescará su mente y su espíritu. Incluso podría hacer una tarea más pequeña que haya que hacer solamente para seguir adelante (aunque no se permita ser desviado con muchas tareas más pequeñas, ¡lo cual meramente prolongaría su postergación!).

Mark Twain bromeaba: "Nunca deje para mañana lo que puede hacerse igualmente pasado mañana". Dejar tareas para más adelante no es aconsejable normalmente, y tenemos que tener cuidado al respecto, pero si una tarea puede hacerse *verdaderamente* más adelante y está teniendo problemas para comenzarla, podría ser beneficioso pasar a otra cosa mientras tanto, a fin de hacer *algo* en lugar de *nada*, asegurándose de volver a programar la otra tarea para terminarla pronto.

CONCÉDASE EL DESCANSO NECESARIO

Si la fatiga genuina está haciendo que le resulte difícil comenzar una tarea o concentrarse en un proyecto, necesita reconocer su necesidad de descanso. En la medida que pueda en el momento, tome un respiro antes de volver a su tarea, y asegúrese de dormir lo suficiente en la noche. ¡Es asombroso cuán renovados y listos para la acción podemos sentirnos tras una breve siesta o haber dormido bien en la noche!

MANTÉNGASE POSITIVO

Intente siempre mantenerse positivo acerca de sus metas y tareas. Todos podemos llegar a decepcionarnos y desalentarnos algunas veces. Puede que nos sintamos desanimados, pero no tenemos que permitir que nuestro desánimo cause que nos revolquemos en un charco de infelicidad y rechazo, de modo que descuidemos nuestras responsabilidades. Si nos sentimos tristes, necesitamos cambiar el enfoque de nuestros pensamientos hacia lo que es positivo, y comenzar a tomar acción otra vez. (Hablaré más sobre desarrollar una mentalidad positiva en un capítulo posterior). Cuando experimentamos fatiga mental o emocional, un poco de descanso puede ayudar también, con esta precaución: debemos evitar que una necesidad legítima de descanso a veces se convierta en un hábito de dormir para escapar a los malos sentimientos o las responsabilidades desagradables. Y quienes están experimentando una depresión clínica real necesitan buscar consejo de un profesional y/o ayuda médica.

ESTABLEZCA RECORDATORIOS PARA USTED MISMO

Establezca recordatorios para usted mismo con respecto a proyectos y tareas, y las fechas en que necesitan ser terminados. De ese modo, si pospone una tarea, se sentirá impulsado a regresar a ella a fin de terminarla a tiempo. Use todas las herramientas que estén a su disposición cuando ponga recordatorios: su teléfono inteligente, su computadora, incluso el antiguo papel y pluma. Podría tener a otra persona que le recuerde algo importante que tiene que hacer, ya sea grande o pequeño. Por ejemplo, si alguien a quien usted conoce se levanta cada mañana a su hora, pero usted regularmente deja para más tarde levantarse de la cama, puede pedirle que le llame para asegurarse de levantarse a cierta hora.

CONSIGA A ALGUIEN PARA RENDIRSE CUENTAS MUTUAMENTE

Esta estrategia en particular es una extensión de lo que hablamos en "La Sabiduría Desarrolla Relaciones Clave, Parte 2", con respecto a cultivar una relación con alguien a quien podamos rendir cuentas en la vida. Encuentre un compañero para rendir cuentas que también esté trabajando en lograr una meta o proyecto específico, y organicen cierto momento para ponerse al día. Pueden reunirse o hablar por teléfono semanalmente, o al menos mensualmente, para decir, por ejemplo: "Estoy intentando aumentar mis ventas en un 20 por ciento. Actualmente estoy en el 7 por ciento. ¿Cómo te va con tu meta de tener tres nuevos clientes por semana?". A veces nos resulta más fácil decepcionarnos a nosotros mismos que decepcionar a otra persona que cree en nosotros y nuestros objetivos, y está emocionada por escuchar acerca de nuestro progreso.

APUNTE A LA EXCELENCIA EN LUGAR DE A LA "PERFECCIÓN"

Si tiene tendencia a postergar tareas porque no cree que pueda hacerlas a un nivel lo bastante alto, pruebe a cambiar su modo de pensar al respecto. Apunte siempre a la excelencia, desde luego, pero no intente lograr la meta elusiva de hacer que algo sea "perfecto". Si tiene problemas para saber cuándo ha alcanzado el momento adecuado para detenerse, hable con alguien de confianza, como un colega en su campo, un compañero de trabajo, o un compañero para rendir cuentas. Solamente relájese y haga lo mejor que pueda, incluso si no está trabajando bajo condiciones óptimas o con todos los recursos que podría haber querido. No permita que el perfeccionismo evite que disfrute de su trabajo y haga su contribución al mundo.

RECUÉRDESE A USTED MISMO LOS ÉXITOS DEL PASADO

Hemos visto cómo el miedo al fracaso puede evitar que comencemos a lograr una meta importante, o nos demoremos en cuanto a realizar un cambio para lo mejor. Si somos demasiado precavidos, podemos terminar viviendo nuestros miedos en lugar de nuestros sueños. Lo que consideramos una vida "segura", en realidad podría ser mediocridad disfrazada. Una manera de dejar atrás el temor es recordarse a usted mismo cosas en las que ha sido exitoso en el pasado. Permita que lo que ha logrado anteriormente le motive a probar cosas nuevas y a construir sobre sus éxitos.

"SI NO ES AHORA, ¿CUÁNDO?"

¿Está atascado en la postergación? ¿Cuánto tiempo esperará para comenzar lo que siempre ha querido hacer, lo que se siente llamado a hacer, lo que necesita hacer? Como dice la frase: "Si no es ahora, ¿cuándo? Si no es usted, ¿quién?". Cambiamos cuando aprendemos lo suficiente sobre nuestra situación que queremos cambiar. Cambiamos cuando recibimos dirección y ayuda suficientes para poder cambiar. Y cambiamos cuando sufrimos lo suficiente para *tener que* cambiar; cuando el dolor de permanecer igual es mayor que el dolor de cambiar. De otro modo, seguimos adelante como siempre. La verdad produce la convicción necesaria para el cambio. Por eso, cuando nos encontramos postergando, debemos reconocer la necesidad de tomar acción, y entender que hay un modo de hacerlo.

Se dice que Picasso dijo una vez: "Solo posponga para mañana lo que esté dispuesto a morir sin haberlo hecho". No posponga su visión o su sueño. No posponga tareas importantes y necesarias. Posponga la posposición, ¡indefinidamente!

LA VERDAD TRAE LA CONVICCIÓN
NECESARIA PARA EL CAMBIO.

BENEFICIOS DE UNA VIDA CON SABIDURÍA

- La vida con sabiduría nos dirige a descubrir y abordar las causas de nuestra postergación liberándonos para avanzar, de modo que podamos lograr exitosamente lo que queremos hacer y lo que necesitamos hacer.

+ Podemos vencer la postergación identificando la causa subyacente, programando una meta o tarea, aprendiendo a decir "no", solamente comenzando, dividiendo una tarea en partes manejables, delegando, tomando la decisión de hacer algo, distribuyendo tareas, eliminando distracciones, obteniendo claridad, reenfocando nuestra motivación, dándonos a nosotros mismos un cambio de ritmo, permitiéndonos el descanso necesario, manteniéndonos positivos, poniendo recordatorios, teniendo un compañero para rendir cuentas, apuntando a la excelencia en lugar de la "perfección", y recordándonos a nosotros mismos los éxitos del pasado.

+ La verdad trae la convicción necesaria para el cambio.

APLICAR LA SABIDURÍA

1. ¿En qué áreas está usted postergando en cuanto a lograr una meta importante o hacer una tarea en particular?

2. ¿Qué efectos está teniendo en usted su postergación: en su paz mental, sus relaciones, su progreso en la vida?

3. ¿Qué estrategia (o estrategias) en este capítulo aborda mejor su forma concreta de postergación? ¿Cómo puede comenzar hoy mismo a implementar esa estrategia?

12

LA SABIDURÍA LE DA BALANCE A LA VIDA

"La clave para mantener el equilibrio es saber
cuándo lo hemos perdido."
—Anónimo

FUERA DE EQUILIBRIO

Mientras buscan lograr sus metas y ser exitosas, muchas personas pasan por alto una aspiración muy importante: lograr verdadero equilibrio en la vida, espiritualmente, físicamente e intelectualmente. Un factor que contribuye a pasar esto por alto está en nuestras vidas tremendamente ajetreadas. Nos entregamos tan completamente a la tarea de educar a una familia, dirigir un hogar, construir una carrera, mantener nuestras relaciones, intentar cumplir nuestros compromisos como voluntarios, y manejar las diversas circunstancias y dificultades de nuestras vidas, que con frecuencia olvidamos la necesidad de nutrir nuestro espíritu, cuerpo y mente. Estamos tan ocupados tan solo intentando ir al paso, que no hacemos una provisión continuada para nuestro propio crecimiento y renovación personal.

Para hacer esta provisión, necesitamos aprender a cuidar de nosotros mismos. No hay nada de malo en tomar tiempo para hacer cosas buenas por nosotros mismos. Eso no es egoísta, sino sabio. Egoísmo es privar a otra persona a fin de beneficiarnos solamente nosotros. Hay cosas que todos necesitamos hacer para mantener nuestra salud y fortaleza, para mantener nuestra agudeza mental, y cultivar un espíritu pacífico. Al hacerlo, no solo nos edificaremos a nosotros mismos personalmente, sino que también llegaremos a ser más aptos para cuidar de nuestros seres queridos y perseguir nuestro propósito con vigor y energía.

UN EQUILIBRIO DE INGREDIENTES

Cualquiera que sea un buen cocinero sabe que se necesita un equilibrio de ingredientes si queremos crear un plato que esté lleno de sabores. Y los chefs experimentados entienden que equilibrio no necesariamente significa partes iguales; significa tener la proporción correcta de los diversos ingredientes. ¿Ha hecho alguna vez una limonada que estaba demasiado ácida porque tenía una cantidad desproporcionada de jugo de limón, o que era demasiado dulce porque tenía una cantidad desproporcionada de azúcar? Los ingredientes no estaban combinados correctamente para obtener el mejor gusto. O consideremos una balanza de peso, donde tenemos cierta cantidad de peso en un lado, y cierta cantidad al otro lado. Podríamos tener diez unidades de una sustancia a un lado y solamente siete de otra sustancia al otro lado, pero el peso las equilibra.

ENFOCARNOS EN LA RENOVACIÓN PERSONAL
Y EL CRECIMIENTO PERSONAL NOS DARÁ
UN EQUILIBRIO VITAL.

De manera similar, tener los "ingredientes" correctos espiritualmente, físicamente y mentalmente nos provee un equilibrio muy necesario, lo cual conduce a una vida que es verdaderamente próspera en el sentido más pleno de la palabra. Mantener el equilibrio no significa generalmente dedicar la misma cantidad de tiempo cada día a espíritu, cuerpo y mente. El equilibrio es un punto entre extremos, y nuestra vida está en un flujo constante, con ese punto moviéndose continuamente. Puede que tengamos que dedicar más tiempo un día determinado o una semana a una de las áreas, o abordar un problema en particular para volver a llevar equilibrio a nuestra vida. Por ese motivo, necesitamos ser flexibles y capaces de ajustarnos a las diversas situaciones y fases de nuestra vida, mientras estamos atentos a los síntomas que indiquen que un área de nuestra vida está fuera de proporción.

Lograr equilibrio no ocurre de la noche a la mañana. Son necesarios la prueba y el error y un creciente entendimiento de los diversos aspectos de nuestra vida que necesitan ser desarrollados para alcanzar un equilibrio sano. Enfocarnos en la *renovación personal* y el *crecimiento personal* facilitará este equilibrio vital.

EQUILIBRIO MEDIANTE LA RENOVACIÓN PERSONAL

En primer lugar, veamos el fundamento para la renovación personal. Parece que el Creador pensó que los seres humanos necesitaban ser renovados regularmente, porque incluyó un día de descanso como uno de los Diez Mandamientos.[37] Él dijo, en efecto: *"Una vez por semana, deja de hacer lo que haces, y toma un día como un shabat divino para honrarme y ser renovado"*. La palabra para "shabat", *Shabbat*, significa literalmente "intermisión" o "descanso", y proviene de una palabra que significa "reposar" o "desistir del esfuerzo".[38] La intención era que las personas dejaran a un lado, durante un periodo de tiempo, cualquier cosa que estuvieran haciendo, para propósitos de restauración.

Muchas personas hoy día piensan en la idea de "shabat" como la imposición de normas y prohibiciones, pero veámoslo como un principio de sabiduría. Realmente fue dado como un regalo. Era un tiempo para honrar al Creador, pasar tiempo con familia y amigos, y descansar el espíritu, cuerpo y mente de la persona. Era un tiempo para cesar la mayoría de las rutinas diarias, a fin de ser restaurados para volver a realizarlas.

Las personas de fe difieren en cuanto a cómo habría que observar específicamente el *shabat*, pero el principio es que necesitamos apartar un periodo de tiempo cada semana para experimentar los beneficios de un periodo de descanso extenso. Yo creo que cuando hacemos eso, el resultado reflejará el "principio de la honda": si nos echamos para atrás (descansamos) un día por semana, los otros seis días serán más efectivos. Las personas ocupadas no entienden este principio, y en cambio incorporan todo lo posible a cada

37. Véase Éxodo 20:8.
38. *Strong's Exhaustive Concordance of the Bible* (#H7676).

día de la semana, durante tantas horas como puedan emplear. Creen que están siendo más efectivos, pero quizá tan solo estén trabajando más duro y agotándose ellos mismos, o incluso poniendo en peligro su salud.

SI DESCANSAMOS UN DÍA POR SEMANA, LOS OTROS SEIS DÍAS SERÁN MÁS EFICACES.

Cuando entregamos todo nuestro ser para hacer algo, ya sea trabajar en la oficina, escribir en la computadora, realizar un trabajo físico en un lugar de trabajo, o mantener un hogar, eso fluye desde la parte más profunda de nuestro ser, necesitando tiempos de renovación. Si no permitimos esos tiempos, perderemos parte de nosotros mismos en medio de nuestra ocupación. O cuando hemos dado todo nuestro ser a otras personas, ya sea para nutrir a los niños, cuidar de alguien enfermo, manejar una relación difícil, necesitaremos tiempos de rejuvenecimiento. Con mucha frecuencia intentamos dar, dar y dar, y no siempre entendemos cuán agotados y drenados hemos llegado a estar. Si solamente damos y nunca recibimos, finalmente nos agotamos. Algunas personas recurren a tomar pastillas para seguir adelante porque no han incorporado tiempo para la restauración personal.

Por lo general, ¿tiene que arrancar energía de algún lugar en su interior tan solo para pasar el día? ¿Cuándo fue la última vez que se tomó un día completo, o un periodo de tiempo en el que no buscó en la Internet, no envió mensajes de texto, ni hizo todas las otras cosas que hace normalmente durante el resto de la semana?

Leemos en los Salmos: *"junto a aguas de reposo me pastoreará"*.[39] Necesitamos tiempos en que estemos en quietud, lejos de la agitación del mundo, para que podamos recuperar nuestras fuerzas y nuestra perspectiva. Al igual que estar cerca de un lago tranquilo o una corriente relajante con frecuencia nos hace sentirnos más pacíficos, tomar tiempo para una "intermisión" tranquila en nuestras vidas ayuda a restaurar nuestra calma. Puede que no siempre seamos capaces de tomar libre un día completo para descansar, pero deberíamos intentar incorporar a nuestra semana el equivalente.

39. Salmos 23:2.

Hay otro beneficio de esa calma. En el mundo antiguo, las personas usaban el agua clara y tranquila como un tipo de espejo para ayudarles a ver cómo era realmente su aspecto. Cuando nos esforzamos durante seis días de la semana, necesitamos ser capaces de detenernos y mirar a algo que nos dé un reflejo de quiénes somos, no algo hecho por el hombre, sino algo que nos ayude a ver desde la perspectiva de nuestro Creador para que nuestra alma pueda ser restaurada.

Además del periodo más largo de descanso semanalmente, deberíamos aplicar el principio básico de la "intermisión" diaria en diversos puntos a lo largo de nuestro día. Necesitamos breves periodos en los que podamos tomar un receso del trabajo y otras responsabilidades para dar descanso a nuestra mente, ejercicio a nuestro cuerpo, y refrigerio a nuestro espíritu.

EQUILIBRIO MEDIANTE EL CRECIMIENTO PERSONAL

Nuestro segundo enfoque para crear equilibrio en nuestras vidas es el crecimiento personal. Una práctica común en la que caen muchas personas es trabajar *en* su entorno, pero no *sobre* su entorno para hacer realces y mejoras necesarias. Por ejemplo, alguien podría trabajar *en* su negocio gran parte del tiempo, pero no trabajar nunca *sobre* su negocio, desarrollándolo y construyéndolo. Alguien podría trabajar *en* su casa gran parte del tiempo, pero no trabajar *sobre* su casa, adaptándola para facilitar mejor el estilo de vida de su familia, y creando un refugio de las presiones exteriores. Alguien podría funcionar *en* su relación matrimonial todo el tiempo, pero nunca trabajar *sobre* su relación, proponiéndose nutrir el vínculo con su cónyuge, en lugar de caer en la mera coexistencia.

De manera similar, con respecto a nuestro espíritu, cuerpo y mente, ninguno de esos aspectos de nuestra vida va a mejorar simplemente al trabajar *en* ello; tenemos que trabajar *sobre* ello a propósito. Cuando lo hagamos, nuestra vida se volverá más satisfactoria, fructífera y pacífica. Como con otras metas, tenemos que crear intencionalmente tiempo y espacio para el crecimiento personal. Las siguientes son algunas maneras sencillas y prácticas para poder lograr más balance en su vida nutriendo su espíritu, fortaleciendo su cuerpo, y desafiando su mente.

1. NUTRA SU ESPÍRITU

Quizá nunca le ha dado mucho pensamiento a nutrir su espíritu. El filósofo francés Pierre Teilhard de Chardin escribió: "Usted no es un ser humano en busca de una experiencia espiritual. Usted es un ser espiritual inmerso en una experiencia humana". Nuestro espíritu es la esencia de quienes somos como seres humanos, creados a imagen de Dios. Mientras más nutramos nuestro espíritu, mejor vida tendremos y mayor paz obtendremos: *"pero el ocuparse del Espíritu es vida y paz".*[40] Nutrimos nuestro espíritu conectando con Dios en oración y adoración, leyendo la Escritura y libros sobre temas espirituales, reuniéndonos con otras personas para el mutuo crecimiento espiritual y aliento, al igual que dando a quienes tienen necesidad, de nuestro tiempo, talentos y dinero.

Se cuenta una historia sobre un rabino que detiene a un destacado miembro de su congregación en la calle y le dice: "Cuando le veo, siempre lleva prisa. Siempre va apresurado hacia algún lugar. Dígame, ¿tras qué va corriendo todo el tiempo?". El hombre responde: "Corro tras el éxito. Corro tras la prosperidad. Corro tras una buena vida".

El rabino responde: "Esa es una buena respuesta si supone que todas esas recompensas están por delante de usted intentando eludirle, y tiene que correr rápidamente para alcanzarlas; pero ¿y qué tal si las recompensas están buscándole, pero nunca pueden encontrarle porque usted está corriendo, alejándose de ellas? ¿Y si Dios tiene todo tipo de regalos maravillosos que Él quiere darle, pero usted nunca está en casa cuando Él llega buscándole para poder entregárselos?".

Esa idea de necesitar estar "en casa" cuando Dios llega de visita me recuerda algo sobre lo que escribió Catherine de Siena. Ella aconsejó a una buena amiga que hiciera dos casas para sí misma: una de ladrillo y otra casa espiritual que pudiera llevar siempre consigo.[41] Para mí, hacer una casa espiritual implica nutrir nuestro espíritu mediante una relación personal con Dios. No necesitamos estar dentro de una iglesia o de otro lugar religioso de adoración para estar relacionados con el Creador. Llevamos nuestra casa

---

40. Romanos 8:6.
41. Catherine of Siena, "Saint Catherine of Siena as Seen in Her Letters", https://books. google.com/books?id=LWNjf0Z4lyQC&pg=PA27&lpg=PA27&dq=catherine+of+siena+ one+actual+home&source.

espiritual con nosotros dondequiera que vayamos si hemos nutrido nuestro espíritu, capacitándonos para recibir los regalos que Dios tiene para nosotros. Por ejemplo, si estamos frustrados en el trabajo, podemos tomar un breve receso y entrar en una oficina vacía, o tan solo sentarnos en nuestro escritorio y ponernos en contacto con Dios para recibir su paz y su dirección.

2. FORTALEZCA SU CUERPO FÍSICO

El segundo aspecto del desarrollo personal es fortalecer nuestro cuerpo físico. Nuestro cuerpo es el bien más precioso que tenemos para operar en la vida. Además, el estado de nuestro cuerpo físico puede tener una influencia importante en nuestra mente y nuestras emociones. Ser descuidados con respecto a nuestra salud y permitirnos a nosotros mismos caer enfermos evitará que podamos hacer todas las cosas que necesitamos hacer y queremos hacer. Tres maneras principales en las que podemos fortalecer nuestro cuerpo son: nutriéndolo, ejercitándolo, y dándole descanso.

NUESTRO CUERPO ES EL BIEN MÁS PRECIOSO QUE
TENEMOS PARA OPERAR EN LA VIDA.

Nutra el cuerpo

No todo lo que comemos nos nutre. Deberíamos pensarlo de esta manera: en general, cualquier cosa que metamos en nuestro cuerpo promoverá la salud o alentará la enfermedad. Si regularmente comemos alimentos que son altos en grasas y azúcar, nos estamos poniendo en riesgo de enfermedades como diabetes y enfermedades cardíacas. Algunas personas imaginan que simplemente pueden decir unas palabras de bendición sobre sus alimentos sin importar en qué consisten, y Dios quitará de esa comida todas las cosas malas, sin que ellos tengan que hacerse responsables de comer de manera nutritiva. Ese no es un modo sabio de vivir; es presunción.

Las siguientes son algunas maneras sencillas para nutrir su cuerpo. Como siempre, especialmente si esta es un área de desequilibrio en su vida, comience con pequeños y sencillos pasos, y vaya haciendo ligeras mejoras en el camino.

1. *Revise sus comidas diarias típicas.* De nuevo, antes de poder hacer mejoras tiene que evaluar dónde está, de modo que revise sus comidas y meriendas típicas diarias. Determine lo que come regularmente. Entonces, para cada alimento, hágase la pregunta: ¿Está esta comida fomentando salud o alentando enfermedad? Eso no significa que no podamos disfrutar de un helado o de otros caprichos a veces, pero una dieta regular de tales alimentos no proveerá el equilibrio nutricional que necesitamos.

2. *Elija un alimento que le beneficiaría comer con menos frecuencia.* Comience con eliminar de su dieta solamente un alimento poco sano. Piense en términos de recortar papas fritas, alimentos con mucha grasa, alimentos con exceso de sal, alimentos preparados que están muy procesados, y alimentos con azúcar blanca, harina blanca o arroz blanco.

3. *Elija un alimento que le beneficiaría comer con más frecuencia.* Piense en frutas y verduras frescas, y granos integrales. Incluso aquí, necesitamos sabiduría en nuestras elecciones. Una columna publicada en *Scientific American* reportaba que "frutas y verduras cultivadas hace décadas eran mucho más ricas en vitaminas y minerales que las variedades que conseguimos hoy la mayoría de nosotros. El principal culpable de esta inquietante tendencia nutricional es el agotamiento del terreno". Supuestamente, hubo un importante declive en el valor nutricional de frutas y verduras cultivadas durante la última mitad del siglo XX, con la tendencia continuando hasta el siglo XXI. Eso no significa que nuestras frutas y verduras hoy día no tengan *ningún* valor nutricional; aunque contienen menos valor nutricional que anteriormente, siguen siendo una fuente vital de alimento, y un grupo alimentario importante que debemos consumir. Sin embargo, las mejores frutas y verduras ricas en nutrientes hoy día se cultivan orgánicamente.[42]

Ejercite el cuerpo

En nuestra cultura, es difícil proveer a nuestro cuerpo la actividad física que necesita sin hacer un plan específico para ello. En épocas anteriores, el estilo de vida de las personas era muy distinto al nuestro. Su actividad física estaba integrada en sus vidas cotidianas, y era mucho más intensa; por lo tanto, necesitaban comer más calorías que nosotros a fin de sostener su cuerpo y mantener su fortaleza. ¿Puede imaginar tener que salir a cazar

42. Roddy Scheer y Doug Moss, "EarthTalk", https://www.scientificamerican.com/article/soil-depletion-and-nutrition-loss/.

su propia comida, o caminar varios kilómetros hacia la tienda de alimentos más cercana? ¿Puede imaginar lavar su ropa en una bañera grande con una tabla de lavar, o sobre las rocas en la ribera del río, o utilizar una plancha antigua y pesada que no funciona con electricidad, sino que se calienta sobre una estufa? (¡Estoy seguro de que ellos hacían mucho ejercicio al utilizar eso!). No ha pasado mucho tiempo desde que muchas familias seguían realizando mucha más labor física día tras día de la que hacemos nosotros hoy. Mi padre era uno de once hermanos, y alguien le preguntó en una ocasión si tenían agua corriente. Él respondió: "Sí, teníamos agua corriente; ¡corríamos hasta el pozo y la sacábamos!".

Como puede imaginar, con toda la labor y actividad física que las personas solían realizar, quemaban muchas calorías, así que no necesitaban hacer dieta y tampoco ir al gimnasio para hacer ejercicio. Hoy día, la mayoría de nosotros hacemos una fracción de la actividad física que hacían ellos, y sin embargo probablemente comemos tantas calorías, si no más (y comemos muchas calorías vacías).

Un informe del Centro para el Control de Enfermedades indicó que el 80% de los estadounidenses no hacen la cantidad recomendada de ejercicio por semana, lo cual incluye ejercicio aeróbico de fuerza y fortalecimiento de los músculos. Aproximadamente un 50% cumple el criterio aeróbico, pero eso sigue dejando a la mitad de la población sin obtener los beneficios de un ejercicio aeróbico adecuado.[43] Muy poco ejercicio puede tener graves consecuencias para la salud. Por ejemplo, la inactividad supuestamente contribuye al mismo número de muertes que el fumar cigarrillos.[44]

Para dar más equilibrio a su cuerpo físico, participe regularmente en algún ejercicio que le guste, como caminar, correr, nadar, jugar a un deporte, asegurándose de hacer el suficiente ejercicio aeróbico y fortalecedor de los músculos. Desde luego, consulte con su médico antes de comenzar cualquier programa de ejercicio. A continuación están las pautas recomendadas para una actividad física sana para adultos. (Hay pautas separadas para niños y adultos mayores).

43. Véase https://www.cbsnews.com/news/cdc-80-percent-of-american-adults-dont-get-recommended-exercise/ and https://www.cdc.gov/mmwr/preview/mmwrhtml/mm6217a2.htm?s_cid=mm6217a2_w.
44. Véase https://www.cbsnews.com/news/inactivity-tied-to-53-million-deaths-worldwide-similar-to-smoking/.

◆ Para obtener beneficios sustanciales para la salud, los adultos deben hacer al menos 150 minutos (dos horas y 30 minutos) por semana de intensidad moderada, o 75 minutos (una hora y 15 minutos) por semana de actividad física aeróbica de intensidad vigorosa, o una combinación equivalente de actividad aeróbica de intensidad moderada y vigorosa. La actividad aeróbica debe realizarse en episodios de al menos 10 minutos, y preferiblemente debe dividirse a lo largo de la semana.

◆ Los adultos también deben realizar actividades para fortalecer los músculos, que sean de intensidad moderada o alta, y ejercitar todos los principales grupos musculares dos o más días por semana, ya que estas actividades proporcionan beneficios adicionales para la salud.[45]

Además de los beneficios físicos, el ejercicio libera endorfinas positivas en nuestro cuerpo, generalmente causando que nos sintamos mejor. ¿Ha notado alguna vez que cuando las personas están deprimidas no quieren hacer nada ni ir a ninguna parte? Reenfocar nuestros pensamientos y estar ocupados haciendo algo, como el ejercicio, puede levantarnos el ánimo.

Dar descanso al cuerpo

Adicionalmente, deberíamos trabajar en dormir lo suficiente en la noche. Las pautas generales para los adultos de edades entre dieciocho y sesenta años recomiendan "al menos 7 horas cada noche para fomentar una salud óptima y bienestar".[46] Esto puede ser un reto, pero marcará una diferencia inmensa en nuestro nivel de alerta y energía. También protegerá nuestra salud: "Dormir menos de siete horas por día está relacionado con un mayor riesgo de desarrollar enfermedades crónicas como obesidad, diabetes, alta presión arterial, enfermedades cardíacas, derrame cerebral, y angustia mental frecuente".[47] Dar descanso a su cuerpo también incluye incorporar el principio de la restauración del que hablamos anteriormente, dando a nuestro cuerpo, al igual que a nuestro espíritu y nuestra mente, "intermisiones" regulares para la renovación.

45. "2008 Physical Activity Guidelines for Americans", US Department of Health and Human Services, vii, https://health.gov/paguidelines/pdf/paguide.pdf.
46. The American Academy of Sleep Medicine and the Sleep Research Society for adults 18–60. Véase https://www.cdc.gov/media/releases/2016/p0215-enough-sleep.html.
47. Véase https://www.cdc.gov/media/releases/2016/p0215-enough-sleep.html.

DESAFÍE LA MENTE

Ejercicio y entretenimiento mental

No solo necesitamos ejercitar nuestro cuerpo, sino que también necesitamos "ejercitar" nuestra mente. Si no desafiamos regularmente nuestra mente, nuestra capacidad cerebral puede deteriorarse, parecido al modo en que los músculos se atrofian cuando no se utilizan. Ganamos y aumentamos mediante el uso. Perdemos y decrecemos mediante el desuso. Y cada vez más investigaciones sugieren que mantener sana nuestra mente se parece mucho a mantener en buena forma nuestro cuerpo.

Muy bien, ya lo sé, ¡pensar puede ser un trabajo duro! Hay veces que tan solo queremos relajarnos y no tener que pensar en nada. Yo he estado en esa situación. Como hemos visto, todos necesitamos tiempos y días dedicados al recreo y la renovación. Y tras un duro día en el trabajo, muchas personas tan solo quieren llegar a casa y ver televisión o navegar por la Internet.

GANAMOS Y AUMENTAMOS MEDIANTE EL USO.
PERDEMOS Y DECRECEMOS MEDIANTE EL DESUSO.

Eso está bien, pero no se quede ahí. Repito que necesitamos mantener las cosas en equilibrio. Horas delante de la pantalla del televisor o de la computadora cada noche no serán de beneficio para nosotros. Tenemos que medir la importancia de nuestras actividades, y con frecuencia damos una prioridad demasiado alta a estar entretenidos de maneras que hacen que nuestra mente no tenga que participar. Ha habido veces en que yo he planeado una actividad de entretenimiento, pero entonces me presentaron otra oportunidad que tenía un mayor beneficio, algo que añadiría verdadero valor y poder a mi vida, de modo que dejé a un lado el entretenimiento a fin de hacer la otra actividad porque tenía más valor y significado para mí. Tenemos que determinar la inversión adecuada de nuestro tiempo, energía y esfuerzos. De eso se trata el equilibrio.

No permitamos que nuestra mente languidezca al descuidarla por no utilizarla. Las personas que están jubiladas tienen que tener un cuidado especial al respecto. Cuando dejamos de trabajar a tiempo completo, o cuando no participamos en actividades diarias que utilizan habilidades de pensamiento, tenemos que hacer un énfasis especial en utilizar nuestras facultades mentales para mantener la agudeza mental ahora y en años posteriores.

Estimular la mente

Las siguientes son algunas cosas prácticas que puede hacer para estimular su mente:

Leer. En el siglo XV, el escritor inglés Joseph Addison dijo: "Leer es para la mente lo que el ejercicio es para el cuerpo". Él sabía entonces lo que los investigadores nos dicen hoy día sobre la importancia de mantener nuestra mente en forma. Yo sugiero establecer una meta personal de lectura para cada día, cada semana, cada mes y cada año. Aparentemente, si leemos tan solo quince minutos al día y después treinta minutos el fin de semana, podemos terminar unos 23 libros completos durante el curso de un año. A algunas personas les gusta unirse a un club de lectura porque les hace rendir cuentas de tener que leer, y les permite hablar con otras personas sobre lo que han leído. Además, recomiendo crear una lista breve de revistas y diarios abundantes en información en su área de interés, y establecer un tiempo para leerlos y así ampliar su conocimiento.

Investigar. Investigue temas de interés para usted en las áreas de su conocimiento, habilidad o interés particular. Esto no solo estimulará su mente, sino que también le permitirá mantenerse actualizado en su campo. No se permita caer en una rutina, siguiendo los mismos procedimientos que siempre ha seguido. Descubra si hay algo nuevo e innovador que se está desarrollando, relacionado con su llamado y su campo.

Escribir. Mantenga un diario, anotando sus pensamientos e impresiones. Escribir un diario se dice que tiene los siguientes beneficios: nos permite aclarar nuestros pensamientos y sentimientos, conocernos mejor a nosotros mismos, reducir el estrés, resolver problemas más efectivamente, y resolver desacuerdos con otras personas.[48] Adicionalmente, sugiero

48. Maud Purcell, "The Health Benefits of Journaling," Psych Central, https://psychcentral.com/lib/the-health-benefits-of-journaling/.

escribir cartas significativas y pensadas a sus contactos más importantes en la vida y en su vocación. Podría escribir sobre lo que ha aprendido de su lectura e investigaciones recientes. Escriba sobre cualquier información útil e interesante que haya obtenido, y que pueda beneficiar a otros al igual que le ha beneficiado a usted. Otra razón para hacer esto es que cuando habla sobre lo que está aprendiendo, eso le ayuda a esclarecer y reforzar la información. Servirá para fortalecer su comprensión y su absorción del material, permitiéndole aplicarlo mejor a su vida.

Aprender una nueva destreza. Tome un curso o un taller sobre algo que le interese intelectualmente o creativamente. Podría matricularse en un curso de educación comunitaria patrocinado por una universidad local, o en una clase que ofrezca su ayuntamiento o su iglesia; o podría crear su propio grupo informal de amigos para aprender juntos algo nuevo.

Aprender un idioma nuevo. Los cursos de idiomas a menudo se ofrecen mediante programas educativos comunitarios, grupos culturales o étnicos, o en línea. También puede aprender idiomas mediante libros educativos y grabaciones de audio.

Memorizar. Puede estimular su mente memorizando pasajes de la Escritura, literatura y poesía, grandes discursos, citas de personas muy conocidas, e incluso bromas. Cuando memorizamos y meditamos en palabras, utilizamos nuestra mente. Y aunque comienza con nuestra mente, pasará a nuestro corazón.

Escuchar. Reúna una colección de libros, enseñanzas, y cursos de estudio en formato de audio que sean especialmente útiles para perseguir su propósito o estimular su mente, y repáselos periódicamente.

Desarrollar un pasatiempo. Cultive un pasatiempo que haga uso de sus habilidades de pensamiento, como hacer crucigramas o *Sudoku*, o jugar al ajedrez o al *Scrabble*. Si no conoce a nadie con quien jugar al ajedrez o al *Scrabble*, utilice versiones electrónicas o en línea. O conecte con un conocido o un amigo en otra ciudad jugando al ajedrez mediante correo electrónico o texto.

EL EQUILIBRIO DE LA PROSPERIDAD

Uno de los discípulos más cercanos de Jesús escribió en una carta en el Nuevo Testamento: *"Yo deseo que tú seas prosperado en todas las cosas, y que*

tengas salud, así como prospera tu alma".[49] Usted obtendrá tremendos beneficios cuando entienda la importancia del equilibrio en su vida, y comience
a poner en práctica estas guías. Llegar a ser una persona de equilibrio le
conducirá a una mayor calma, salud, respeto por usted mismo, y plenitud
en la vida. Como escribí anteriormente, la prosperidad no se trata solamente de tener pagadas todas las facturas, con dinero sobrante en el banco. Se
trata de tener un espíritu apacible, un cuerpo sano, una mente sensata, y
relaciones armoniosas con otros.

BENEFICIOS DE LA SABIDURÍA

* Enfocarnos en la renovación personal y el crecimiento personal facilitará un equilibrio vital en nuestra vida.

* El "principio de la honda" dice que si descansamos un día por semana, los otros seis días serán más efectivos.

* Mientras más alimentemos nuestro espíritu, mejor vida tendremos y mayor paz obtendremos.

* Tres maneras importantes en que podemos fortalecer nuestro
  cuerpo son: nutriéndolo, ejercitándolo, y dándole descanso.

* Llegar a ser una persona de equilibrio conduce a una mayor calma,
  salud, respeto por uno mismo, y plenitud en la vida.

APLICAR LA SABIDURÍA

1. ¿Qué área o áreas de su vida podrían aprovechar más equilibrio
   en este momento? ¿Por qué?

2. ¿Toma tiempo cada semana para la renovación personal? ¿Cómo
   podría incorporar "el principio de la honda" o el principio de la
   "intermisión" a su vida, más de lleno?

3. Enumere una idea para cada área de crecimiento personal (nutrir
   su espíritu, fortalecer su cuerpo, y desafiar su mente) que haya
   captado más su atención en este capítulo. Haga un plan para dar
   pequeños pasos hacia integrarlo a su horario semanal.

49. 3 Juan 2.

13

LA SABIDURÍA ES CONTENTAMIENTO

"Las circunstancias son los gobernantes de los débiles;
pero son los instrumentos de los sabios".
—Samuel Lover

En los dos siguientes capítulos quiero hablar sobre maneras adicionales en que podemos avanzar hacia la prosperidad verdadera en nuestra vida. Una de ellas es cultivando el contentamiento personal, a pesar de las circunstancias que estemos enfrentando o si la vida discurre o no del modo en que habíamos planeado. El primer paso es entender qué es el verdadero contentamiento, y lo que no es.

¿QUÉ ES EL CONTENTAMIENTO?

CONTENTAMIENTO ES DIFERENTE A LA FELICIDAD

Muchas personas equiparan contentamiento con felicidad, pero es mucho más profundo que eso; trasciende a la felicidad. Cuando confundimos las dos, tan solo nos preparamos para la decepción. La felicidad es un estado de *hacer*, mientras que el contentamiento es un estado de *ser*. La felicidad siempre depende de "lo que sucede", por lo tanto, si las personas no actúan del modo que esperamos, o las circunstancias no se desarrollan del modo en que nosotros queremos, no somos felices. El contentamiento, por otro lado, está basado en nuestros "contenidos". Podemos mirarlo de este modo: la felicidad siempre está basada en lo que sucede a nuestro *alrededor*, pero el contentamiento siempre está basado en lo que sucede en nuestro *interior*. Hay una diferencia inmensa entre ambas cosas.

A continuación tenemos algunas maneras en que las personas se pierden el contentamiento por llegar a estar fijadas en la idea de la felicidad.

LA FELICIDAD ES UN ESTADO DE HACER, MIENTRAS QUE EL CONTENTAMIENTO ES UN ESTADO DE SER.

Creer el mito del "si tan solo..."

Algunas personas viven según el mito del "si tan solo…":

"Si tan solo *tuviera* _____, estaría completo".

"Si tan solo *fuera* _____, estaría feliz".

"Si tan solo *me dieran* _____, estaría satisfecho".

"Si tan solo tuviera un *diferente* _____ , estaría contento".

O podrían quedar atrapadas en la "enfermedad del destino":

"Si tan solo *me promovieran a* _____, tendría éxito".

"Si tan solo *viviera en* _____, tendría una vida mejor".

"Si tan solo *pudiera visitar* _____, estaría satisfecho".

Ninguno de esos escenarios, si se cumpliera, conduciría a la satisfacción verdadera porque depende de condiciones o circunstancias externas, las cuales son cambiables, o porque están basadas en cualidades que quizá no seríamos capaces de sostener. Hasta que hagamos la paz con quiénes somos, y hagamos la paz con nuestro pasado, nunca estaremos contentos con lo que tenemos o con lo que recibimos.

Tener una mentalidad de "buenos tiempos"

Otras personas se pierden el contentamiento porque tienen una mentalidad de "buenos tiempos". Si los buenos tiempos siguen adelante, son felices. Si está entrando dinero, son felices. Si tienen a alguien significativo en su vida, son felices. Si los tratan bien, son felices. Si están de buen ánimo, son felices. Si alguna de esas condiciones falta, o falla, son infelices, o incluso desgraciados, y con frecuencia se lo hacen saber a los demás. Algunas personas tienen la idea de que *"me merezco* ser feliz", de modo que cuando no consiguen lo que creen que debieran tener, se sienten ofendidas, y piensan que alguien más debería proveérselo.

Por lo tanto, con la mentalidad de "buenos tiempos", las personas quieren situaciones y circunstancias ideales, con todas las cosas desarrollándose en cierto tipo de existencia de cuento de hadas. Por ejemplo, cuando se casan, esperar vivir "felices para siempre", sin jamás tener ningún conflicto con su cónyuge. O cuando planean un viaje, se imaginan que todo ocurrirá suavemente, sin llantas desinfladas o vuelos perdidos.

Nos estamos preparando para un gran fracaso si basamos nuestra felicidad en las circunstancias. ¿Qué haremos si el trabajo que amamos es eliminado, y nuestro pozo económico se seca? Estábamos en la cima del mundo, viviendo a lo grande, pero ahora tenemos que hacer recortes. ¿Realmente va a ser la riqueza material la base de nuestro contentamiento en la vida? Tenemos que entender que pasaremos por alzas y bajas. "Ningún mar en calma hizo experto a un marinero." Debemos tener una fortaleza interior que evite que implosionemos cuando el mundo comience a ponernos presión por todas partes.

Poner el poder de nuestra felicidad en las manos de otros

Algunas personas ponen su felicidad completamente en el modo en que otras personas responden a ellos, y se desgastan intentando asegurarse de que las personas que les rodean estén siempre contentas con ellos. O pretenden que una sola persona les haga felices en la vida. No podemos confiar en que otras personas nos hagan sentir bien sobre nosotros mismos. Cuando ponemos nuestra felicidad en las manos de otro ser humano, es solo cuestión de tiempo antes de que nos defrauden. Quizá no tengan intención de hacerlo, pero nos defraudarán. Es simplemente la naturaleza humana. E incluso si caemos mal a ciertas personas, eso no tiene que afectar a nuestra paz, nuestra valía, o cómo perseguimos nuestro propósito.

Por lo tanto, la *felicidad* viene cuando otras personas nos tratan bien, y de las circunstancias que discurran a nuestro favor. Pero el *contentamiento* se trata de estar satisfechos con quienes somos. Viene de saber que Dios tiene el control, independientemente de nuestras circunstancias, y que podemos tener plenitud en la vida, incluso si no tenemos todo lo que podríamos desear o si no podemos hacer todo lo que quisiéramos hacer. El contentamiento se trata de ajustar nuestra perspectiva y nuestra actitud, de modo que las situaciones no quebranten nuestro espíritu antes de que podamos dejarlas atrás.

No podemos controlar lo que sucede *alrededor* de nosotros, pero podemos controlar lo que sucede *en* nosotros. El contentamiento es, por lo tanto, un estado mental, y es una disposición espiritual, en lugar de ser un estado de logro, de posesión o de condición.

> LA FELICIDAD SIEMPRE ESTÁ BASADA EN LO QUE SUCEDE ALREDEDOR DE NOSOTROS, PERO EL CONTENTAMIENTO ESTÁ BASADO EN LO QUE SUCEDE DENTRO DE NOSOTROS.

CONTENTAMIENTO ES DIFERENTE A LA COMPLACENCIA

Es importante reconocer que vivir en un estado de contentamiento no significa que seamos pasivos o indiferentes hacia la vida. No se trata de aceptar el status quo, ni tampoco es un respaldo a la apatía, donde nunca intentamos hacerlo mejor, y donde renunciamos al crecimiento y la superación. Eso es complacencia, no contentamiento.

Complacencia se define como "satisfacción propia, especialmente cuando va acompañada por no ser consciente de peligros o deficiencias reales".[50] Las personas complacientes no son conscientes de que si usted se queda en el mismo nivel mientras el mundo sigue moviéndose, pierde terreno.

---

50. *Merriam-Webster's 11ᵗʰ Collegiate Dictionary*, versión electrónica, © 2003.

Por ejemplo, puede que tengan un empleo con un salario bajo, pero dicen: "Me va bien. Tengo un empleo, y tengo seguro. ¿Por qué debería intentar algo más?". Como contraste, toda persona verdaderamente contenta experimenta lo que yo denomino "insatisfacción inspiracional". La persona que tiene contentamiento está satisfecha con lo que tiene, pero también busca con expectación avanzar hacia el siguiente nivel. La paradoja es que podemos estar contentos e insatisfechos al mismo tiempo.

Una persona complaciente y una persona con contentamiento puede que trabajen en la misma empresa haciendo el mismo tipo de trabajo. La persona complaciente acepta las cosas como están, como hechos de la vida; cree que ese es el modo en que siempre van a ser las cosas. Por lo tanto, puede que le diga a la persona con contentamiento: "Tan solo acepte la situación y ríndase, como todos los demás. Acepte que va a trabajar así durante el resto de su vida, y que va a jubilarse de este sitio". Muchas personas permanecen en tales situaciones porque, como hemos visto, nunca cambiamos lo que estamos dispuestos a tolerar. Sin embargo, la persona con contentamiento cree que el trabajo es solamente temporal, y que se moverá a cosas mayores. Por eso la persona que tiene contentamiento llegará a ser supervisor, mientras que la persona complaciente permanecerá en el mismo puesto. De hecho, la persona complaciente incluso podría adiestrar a su nuevo supervisor.

Igualmente, aunque estemos contentos en nuestra situación actual, deberíamos tener nuestros ojos en algo más grande. Cuando los tiempos son difíciles, lo que nos da contentamiento es saber que no tenemos que permanecer en esa situación. Podemos decir: "Aunque las cosas no sean ideales en este momento, estoy bien. Estoy trabajando en otra cosa, y estoy haciendo lo que tengo que hacer hasta que pueda hacer lo que quiero hacer". El contentamiento está basado en la perspectiva. Repito: nuestro observar determina nuestro accionar.

Yo creo que si aprendemos a tener contentamiento donde estamos, haciendo fielmente lo que tengamos que hacer, mientras miramos adelante hacia donde queremos ir, avanzaremos. Por lo tanto, haga lo mejor que pueda y tenga contentamiento en el nivel donde esté. (Si *no* está haciendo lo mejor que puede en el nivel donde está, no tenga contentamiento, ¡porque entonces no producirá el cambio deseado!).

Puede que haya veces en que las cosas nunca parecen cambiar. Y cuando las situaciones no cambian, es aún más necesario que nosotros cambiemos, nuestras actitudes y perspectivas, enfocándonos en lo que es más importante en la vida. Debemos aprender a estar contentos donde estamos, en medio de nuestras circunstancias.

EL CONTENTAMIENTO SE PUEDE APRENDER

El contentamiento no es un legado humano natural, no es inherente en nosotros. Tampoco es un producto del ambiente. Hay muchas personas que tienen muchas posesiones materiales, pero siguen sin tener contentamiento. La razón por la que algunas personas intentan rodearse de todos los accesorios externos de la vida es que los están utilizando como su frisa de seguridad. Podemos ir a países golpeados por la pobreza hoy día donde los ingresos anuales promedio son de 250 dólares al año, ¡y encontraremos a algunas de las personas con más contentamiento que hayamos visto jamás! Yo soy un testigo del hecho de que el contentamiento no está basado en la prosperidad material. Alguien ha dicho: "Felicidad no es tener lo que se quiere; felicidad es querer lo que se tiene".

El contentamiento, al igual que el perdón, es algo que podemos aprender. Es algo en lo que podemos crecer y madurar. Tenemos que aprender a estar contentos cuando no tenemos nada y cuando lo tenemos todo. Y aunque puede que no nos guste la idea, con frecuencia aprendemos las lecciones del contentamiento experimentando su antítesis: descontento, o incluso tristeza. El contentamiento es una decisión que tomamos a medida que atravesamos experiencias que parecen contrarias precisamente a la lección que intentamos aprender.

El escritor Pablo, del Nuevo Testamento, dijo: *"He aprendido a estar satisfecho en cualquier situación en que me encuentre"*.[51] Estas palabras vienen de un hombre que sufrió mucho en su vida.[52] A pesar de todo lo que esté sucediendo en el mundo, y de cualquier sorpresa que nos traiga la vida, podemos vivir en contentamiento. Una persona sabia aprende a usar las circunstancias para ayudarle a crecer. De hecho, después de haber pasado algunos tiempos difíciles, puede que lleguemos a un punto en el que las

---

51. Filipenses 4:11 (NVI), énfasis añadido.
52. Véase 2 Corintios 11:23-28.

cosas que solían molestarnos ya no nos molestan tanto. Podemos incluso trascender a algunas de las cosas que solían irritarnos realmente. Esto se debe a que hemos pasado antes por esas cosas, y encontramos la salida hacia el otro lado de ellas, y sabemos que podemos volver a hacerlo.

El contentamiento nunca será automático para nosotros porque siempre surgirán cosas en nuestra vida que nos hagan comenzar a preocuparnos, que intentan robarnos nuestra alegría y arrebatarnos nuestra paz. Intentarán distraernos del propósito y la provisión de Dios, y nos harán dudar de nuestro llamado. Pero podemos elevarnos por encima de toda preocupación y duda.

SI PODEMOS APRENDER A TENER CONTENTAMIENTO, NADA PODRÁ EVITAR QUE VIVAMOS LA VIDA QUE DEBEMOS VIVIR.

Si podemos aprender contentamiento, nada podrá evitar que vivamos la vida que debemos vivir. El contentamiento es una actitud. Es una disposición de nuestro espíritu. No es algo contingente que dice: "Bueno, hoy está lloviendo, así que voy a estar triste". El contentamiento dice: *"Por la noche durará el lloro, y a la mañana vendrá la alegría"*.[53] El contentamiento dice: *"No nos cansemos, pues, de hacer bien; porque a su tiempo segaremos, si no desmayamos"*.[54]

El contentamiento siempre tiene algo positivo y esperanzador que decir. Si cultivamos contentamiento, nos dará un mensaje positivo que nos alentará y cambiará nuestra perspectiva. El contentamiento no se levantará de nuestro interior durante los momentos difíciles si nunca nos hemos propuesto aprenderlo. Pero cuando aprendemos a estar contentos cualquiera que sea la situación en que nos encontremos, algo poderoso sucederá en nuestras vidas.

CULTIVAR CONTENTAMIENTO

Hasta cierto punto, cada uno aprende contentamiento a su manera, porque las circunstancias que enfrentamos son únicas para nosotros. Sin

---

53. Salmos 30:5.
54. Gálatas 6:9.

embargo, hay algunas claves poderosas que pueden ayudarnos a cultivar contentamiento en nuestra vida.

DESARROLLE UNA PERSPECTIVA POSITIVA

Para aprender contentamiento tenemos que desarrollar una perspectiva positiva hacia la vida. No podemos seguir pensando que la vida está contra nosotros o que las cosas siempre permanecerán siendo igual para nosotros. Cuando las circunstancias se ponen difíciles, tenemos que animarnos mentalmente a nosotros mismos. Yo tengo una imagen estupenda en mi mente del modo en que mi padre solía correr. Él siempre corría con los pulgares hacia arriba. Era como si las actitudes positivas que había en su interior tuvieran que expresarse físicamente. En realidad es muy difícil pensar negativamente cuando los pulgares están hacia arriba. No puedo explicarlo, pero parece como si el gesto de levantar los pulgares estuviera conectado con nuestros pensamientos. Desencadena la idea: "Todo va a salir bien. Voy a estar bien". Sabemos que nuestros pensamientos tienen la capacidad de elevarnos hasta otro nivel. Cuando cambiamos nuestros pensamientos, nos damos a nosotros mismos un gesto mental de pulgares hacia arriba, y eso hace que nos elevemos en nuestra actitud, nuestra determinación, nuestra fuerza de voluntad, y nuestro compromiso.

Yo nunca me he permitido llegar a deprimirme por situaciones. Sin duda, he tenido muchas grandes *oportunidades* de deprimirme. Pero cada vez he aprendido a rechazar esa oportunidad. Sencillamente no estoy dispuesto a dar a otras personas o circunstancias tanto control sobre mi vida. Como alguien ha dicho: "Estoy convencido de que somos tan felices como decidimos serlo".

Para utilizar un pequeño ejemplo, a veces cuando soy el orador en una conferencia, algo sale mal, como algún problema técnico, y el anfitrión se preocupa mucho por cómo estoy yo. Me preguntan si estoy bien. Desde luego que estoy bien. He aprendido a estar contento. Si el micrófono no funciona, no pasa nada. No voy a quejarme por eso ni tampoco voy a ofenderme. Sé cómo contentarme a mí mismo en cualquier situación en que me encuentre.

Pablo, que aprendió a estar contento en toda circunstancia y condición, nos dio una verdadera clave para el contentamiento cuando escribió:

Todo lo que es verdadero, todo lo honesto, todo lo justo, todo lo puro, todo lo amable, todo lo que es de buen nombre; si hay virtud alguna, si algo digno de alabanza, en esto pensad. (Filipenses 4:8)

Este consejo obra en conjunto con el principio de que uno crea más de aquello a lo cual le da su atención. Los pensadores negativos producen conducta negativa, y los pensadores positivos producen conducta positiva. De nuevo: el contentamiento no es inherente; tenemos que aprenderlo. Podemos practicar pensar en cosas positivas, verdaderas, honestas, agradables y nobles. Si interiorizamos tales pensamientos, los produciremos en nuestra vida.

PRACTIQUE EL PRINCIPIO DEL ALFA Y LA OMEGA

El principio del Alfa y la Omega simplemente significa vivir cada día como si fuera su primer día haciendo algo nuevo, o su último día completando algo significativo. Tenemos una alegría entusiasta cuando comenzamos algo que nos emociona. Y tenemos una alegría satisfecha cuando terminamos ciertas fases y empresas en la vida. En esos momentos, parecemos estar totalmente en el momento presente, y tenemos la sensación de estar viviendo la vida al máximo. Cada momento tiene valor, y cada momento es una celebración.

Por ejemplo, piense en cómo se sentía cuando se enamoró por primera vez. Se sentía vivo, y se sentía contento por dentro; ¡viva exactamente de ese modo! Ahora recuerde cómo se sintió en una ocasión importante que coincidió con un "último" día. Yo pienso en algunos ejemplos relacionados con la escuela: el último día de clases antes de las vacaciones de verano, el último día de exámenes antes de las vacaciones de Navidad, el día en que nos graduamos de la secundaria o de la universidad. Con frecuencia sentimos una gran satisfacción tras haber terminado una tarea importante o haber completado un logro significativo. Esto también puede ir acompañado por la anticipación de comenzar una nueva fase en la vida.

Sin duda, sus momentos de Alfa y Omega podrían ser diferentes a estos ejemplos, pero piense en ocasiones que representan cada uno de ellos para usted, y comience a vivir cada día con el mismo tipo de alegría y satisfacción.

VEA LA VIDA CON GRATITUD Y AGRADECIMIENTO

Otra clave estupenda para aprender contentamiento es vivir con gratitud y agradecimiento. La gratitud es mucho más que una obligación o un ritual de cortesía. La gratitud es un modo de ver el mundo, y aunque no cambia los hechos de nuestra vida, tiene el poder de hacer que nuestra vida sea más agradable. Podemos estar agradecidos por lo que ya tenemos, en lugar de seguir pensando en lo que no tenemos. Podemos dar gracias por las cosas buenas en nuestra vida. Si podemos vivir un día más, ¡podemos estar agradecidos! Podría sorprendernos cuán contentos podemos estar en situaciones donde no tenemos mucho. El contentamiento es una decisión, no una condición. Cuando tenemos la actitud correcta, decidimos celebrar la vida incluso en medio de dificultades e incertidumbres.

Tenemos que prepararnos para la temporada en la que estamos. Por ejemplo, puede que pasemos por fases y periodos donde escasea el dinero. Ese no es el momento para estar fuera de forma. Es el momento de decir: "Señor, te doy gracias por mi 'pan de cada día'".[55] Tenemos que aprender a estar agradecidos por nuestra provisión día tras día hasta que las cosas cambien. Yo creo que si somos fieles y estamos contentos con nuestras provisiones diarias, llegaremos a un lugar de bendiciones abundantes. Podemos decir: "¿Sabes qué? Puede que no tenga todo lo que quiero o necesito, pero estoy agradecido por lo que sí tengo. Puede que mi vida no sea perfecta, pero sé que hay otros que están en peor situación de la que yo estoy enfrentando". La verdadera base del contentamiento es tener a alguien o algo que amar, algo qué esperar, algo por lo que estar entusiasmado, algo que hacer.

Hay un proverbio estonio que dice: "Quien no da las gracias por lo poco, no da las gracias por lo mucho". Se puede conocer el corazón de una persona agradecida por la gratitud que muestra por las cosas pequeñas que hacen por ella. Si alguien no le da las gracias por las cosas pequeñas, probablemente llegará a un punto en que no le dará las gracias tampoco por las cosas grandes.

Escuché una historia sobre el accidente de un pequeño avión en una pista de aterrizaje en California, que el piloto pudo evacuar justo antes de que el avión se incendiara. Un reportero le preguntó: "¿Qué pasaba por su

---

55. Véase, por ejemplo, Lucas 11:3.

mente cuando el avión se acercaba a tierra?". Él respondió: "Me di cuenta de que no había agradecido lo suficiente a las personas en mi vida".

Las cosas que en última instancia nos dan contentamiento son la calidad de nuestras relaciones, nuestra integridad y paz interiores, nuestra relación con Dios, y nuestras relaciones con nuestra familia y amigos.

LA VERDADERA BASE DEL CONTENTAMIENTO ES TENER ALGUIEN O ALGO QUE AMAR, ALGO QUE ESPERAR, ALGO POR LO QUE ESTAR ENTUSIASMADO, ALGO QUE HACER.

CELEBRE VIVIR CON SENCILLEZ

Una manera infalible de llegar a tener contentamiento es vivir con sencillez y apreciar las alegrías cotidianas. La simplicidad es la esencia de la vida. Aprenda a disfrutar de un día soleado o de una tarde tranquila. Yo aprendí el principio de la simplicidad según fui creciendo. Mis padres tenían seis hijos, y teníamos una frase en nuestra pared: "Mi casa está lo bastante limpia para ser saludable y lo bastante sucia para ser feliz". Nuestra familia no esperaba a que hubiera ocasiones especiales para sacar la vajilla cara y cenar en el comedor. ¿Por qué tener algo valioso, y después usarlo tan pocas veces? ¿Por qué convertir en altar un armario para la vajilla cara? Nosotros sacábamos la vajilla del armario, y la utilizábamos para celebrar juntos nuestra vida. No puedo decirle la paz, el amor, la alegría y el contentamiento que había entre las paredes de nuestra casa por la simplicidad de nuestro estilo de vida.

Necesitamos ver que el contentamiento no se trata de obtener cosas grandiosas y sofisticadas, y entonces guardarlas tan solo para ocasiones especiales. Celebre la vida diariamente con su familia y con sus amigos. Celebren su amor los unos por los otros. No se le puede poner un precio a eso.

DÉ DE USTED MISMO A OTROS

Como hemos dicho anteriormente, la felicidad en la vida no viene de lo que recibimos; viene de lo que damos. Hay una importante razón: cuando recibimos algo, lo único que tenemos es lo que hemos recibido; y el gozo que viene con eso dura solo un corto periodo de tiempo. Por ejemplo, si compramos un auto nuevo, puede que estemos emocionados durante las dos primeras semanas, pero después de un tiempo se vuelve rutina. El gozo no tiene longevidad. Sin embargo, cuando damos a otra persona y le alegramos el día, nosotros recibimos el regalo de la alegría que sigue regresando a nosotros cada vez que pensamos en el individuo y cómo se benefició de lo que hicimos por él. Recuerde que incluso si no tenemos mucho dinero, somos ricos en muchos otros aspectos, y podemos compartir con otros nuestra sabiduría, conocimiento, amor y apoyo.

¡RÍASE MUCHO!

Por último, pero no menos importante, podemos cultivar el contentamiento cuando aprendemos a reírnos mucho. A veces nos tomamos demasiado en serio a nosotros mismos. Tenemos que llevar la vida como si fuera una capa suelta, y no permitirnos estresarnos tanto por cosas. Cuando tenemos una perspectiva saludable, sabemos cómo reírnos de nosotros mismos y cómo reírnos con otros. Por ejemplo, si ve que hay facturas amontonadas sobre su escritorio y aún no tiene el dinero para pagarlas, puede bromear: "Quieres ¿qué? ¿Para cuándo? ¡JÁ!" (diga eso para usted, ¡no a quien le tiene que pagar!). Eso alivia el estrés. Podría proponerse contar un buen chiste a alguien con regularidad, y reírse juntos. En adición, puede ser una buena práctica leer o ver algo divertido antes de irse a la cama, de modo que pueda relajarse lo suficiente para descansar bien. *"Gran remedio es el corazón alegre"*.[56]

EL CONTENTAMIENTO VE EL PANORAMA COMPLETO

Por favor, no espere hasta obtener cierto estatus en la vida para sentirse contento. Por favor, no espere a obtener cierta cantidad de dinero para sentirse contento. Por favor, no espere a casarse para sentirse contento. Estamos tan contentos como hemos decidido estar. Tenemos

---

56. Proverbios 17:22 (NVI).

contentamiento cuando hemos decidido que así sea. El contentamiento tiene todo que ver con la perspectiva; significa tener la perspectiva correcta porque podemos ver el panorama completo: estamos agradecidos por aquello que ya tenemos y aquello hacia lo que estamos avanzando. Cuando vivimos en el nivel más alto de contentamiento, no significa que no tengamos problemas o que no los reconozcamos; significa que nuestros problemas no nos tienen a nosotros.

BENEFICIOS DE UNA VIDA CON SABIDURÍA

+ Avanzamos hacia la verdadera prosperidad en nuestra vida cultivando el contentamiento personal.

+ Si aprendemos a estar contentos donde estamos, haciendo fielmente lo que tenemos que hacer mientras miramos adelante hacia donde queremos ir, avanzaremos.

+ Una persona sabia aprende a usar las circunstancias para ayudarle a crecer.

+ El contentamiento nos da un mensaje positivo que nos alentará y cambiará nuestra perspectiva.

+ Si aprendemos contentamiento, nada podrá evitar que vivamos la vida que habíamos de vivir.

APLICAR LA SABIDURÍA

1. ¿De qué maneras podría haber estado dependiendo de la felicidad en lugar del contentamiento?

2. Si está en una situación difícil o indeseable, en lugar de resignarse a las circunstancias, ¿cómo puede comenzar a mirar adelante y hacer planes de antemano para un futuro mejor?

3. Durante las seis próximas semanas, cultive activamente el contentamiento enfocándose en una clave para el contentamiento por semana y aplicándola a su vida: desarrollar una perspectiva positiva, practicar el principio del Alfa y la Omega, mirar la vida con gratitud y agradecimiento, celebrar la vida sencillamente, dar de usted mismo a otros, y ¡reírse a carcajadas!

14

LA SABIDURÍA LIBERA LO NEGATIVO Y PROMUEVE LO POSITIVO

"El pensamiento reflexivo le permite distanciarse de las intensas emociones de experiencias particularmente buenas o malas y verlas con nuevos ojos. Puede usted ver las emociones del pasado a la luz de la madurez emocional y examinar las tragedias a la luz de la verdad y la lógica. Ese proceso puede ayudar a una persona a dejar de cargar con un montón de bagaje emocional negativo".[57]
—John C. Maxwell

Podemos avanzar hacia la verdadera prosperidad en nuestra vida no solo cultivando equilibrio y contentamiento, sino también abordando dos perspectivas negativas comunes que pueden obstaculizarnos de modo significativo. Muchos de los puntos en este capítulo se aplican también a otras perspectivas negativas. Cuando abordemos estos asuntos, mejorará nuestro bienestar personal y también nuestros caminos profesionales y las interacciones con otras personas. Liberar lo negativo y promover lo positivo es tan importante para cumplir nuestro propósito como actividades como planear y establecer metas, porque fortalece nuestra capacidad para aplicar nuestros planes de manera firme y coherente y para el mayor beneficio para todos.

57. John C. Maxwell, *How Successful People Think* (New York: Center Street [Hachette Book Group], pp. 72–73. En español, *Cómo las Personas Exitosas Piensan*, Center Street, 2014.

No siempre nos resulta fácil reconocer cuándo se han colado perspectivas negativas en nuestras vidas. Pero al igual que hablamos anteriormente en relación con los hábitos, cuando sí identificamos algo que necesita un cambio, es importante tomar una decisión consciente de descartar viejos caminos que nos están obstaculizando y tomar nuevos caminos que nos beneficiarán.

LO NEGATIVO DEL EGOCENTRISMO

La primera área de la que quiero hablar es el impacto negativo del egocentrismo, algo con lo que todos lidiamos de una forma u otra. Por ejemplo, el ensimismamiento puede ser un gran obstáculo para nosotros mientras nos esforzamos por utilizar nuestro don dominante en la búsqueda de nuestro propósito. Yo conozco a individuos con dones que no pueden avanzar porque están enfocados principalmente en sus propios deseos y en promover sus propias contribuciones, y eso aleja a las personas. Tales individuos por lo general encuentran a pocos que estén dispuestos a ayudarles a avanzar sus metas. Así, se encuentran a sí mismos intentando hacer ellos solos algo para lo cual necesitan a otras personas que les ayuden a lograrlo, o para lograrlo de la manera más completa.

Una actitud de ensimismamiento no es siempre tan obvia; puede ser bastante sutil en nuestro interior. En tales casos, puede que seamos *nosotros* quienes rechacemos la ayuda de otros que podrían avanzar nuestras metas. A veces, esto sucede porque subconscientemente queremos recibir el mérito por lograr algo, en especial cuando hemos trabajado duro en ello. Sin embargo, nos alejamos del potencial para lograr algo incluso más grande y de mayor alcance en cooperación con otras personas.

RECONOCER EL HORIZONTE MÁS AMPLIO

Como hemos observado anteriormente, hay un horizonte más amplio que nosotros mismos a considerar, incluso mientras perseguimos nuestro propósito único. Repito que el don que Dios nos ha dado no es solo para nosotros mismos, sino también para el beneficio de otros, o no es un reflejo de propósito genuino. Nuestro don no es principalmente *para* nosotros, aunque es lo que da significado a nuestra vida y nos beneficiamos verdaderamente de él. Más bien, nuestro don llega a otros *por medio* de nosotros. Nuestro don es la manera en que servimos en esta vida, y su alcance es mayor que nosotros.

Puede ser difícil abandonar la idea de que nuestro don no se trata de nosotros; pero John Donne tenía razón cuando dijo: "Ningún hombre es una isla entera de sí mismo". No hemos de ser independientes de otros, sino interdependientes. Cuando somos exitosos en algo, eso nos añade valor a nosotros, pero solamente eso no nos produce *significado*. Nuestro verdadero significado viene cuando añadimos valor a otros, cuando ayudamos a tocar o transformar a otras personas, o las elevamos a un nivel más alto en la vida.

VIVIR POR ENCIMA DEL APLAUSO

Un síntoma de ensimismamiento es esperar que otras personas reconozcan constantemente nuestros talentos o contribuciones. Si esperamos a que eso suceda antes de continuar persiguiendo nuestras metas, puede que esperemos mucho tiempo. Voy a decir tan solo que cuando su trabajo hable por usted, ¡no lo interrumpa! Solamente malgastamos energía cuando nos enfocamos en si hemos recibido el mérito suficiente o nos han reconocido por nuestra parte, una energía que podría haberse dirigido a utilizar más nuestro don o solamente disfrutar del proceso.

No deberíamos ofendernos si otros no nos aprecian por lo que somos o lo que hemos hecho. Debemos entender que muchas personas a nuestro alrededor actuarán con egoísmo y sin apreciación, por lo general debido a su propio dolor, sus propias frustraciones, y sus propios sueños no cumplidos. En esos momentos, tenemos que recordar que no se trata de nosotros sino del llamado de Dios en nosotros.

En el Sermón del Monte, en el contexto de dar caritativamente, Jesús dijo: *"Mas cuando tú des limosna, no sepa tu izquierda lo que hace tu derecha... y tu Padre [Dios] que ve en lo secreto te recompensará en público"*.[58] El mismo principio se aplica al ejercicio de nuestro don dominante. Mientras que, como seres humanos, por naturaleza todos necesitamos cierta cantidad de afirmación, no deberíamos quedarnos en ese aspecto de las cosas porque habrá una recompensa suprema. Mi satisfacción no está basada en que otra persona aprecie lo que hago. Mi satisfacción viene al ser capaz de decir: "Hice lo que tenía que hacer". Cuando Dios nos dice "bien hecho", todo vale la pena.[59] Yo estoy agradecido por aquellos que pueden vivir por encima del

---

58. Mateo 6:3-4.
59. Véase, por ejemplo, Mateo 25:21.

aplauso, que no necesitan afirmación constante, que viven para su propósito. Hay libertad en ser tan solo lo que Dios nos llamó a ser.

> "SI VIVO UNA VIDA INFRUCTUOSA NO IMPORTA
> QUIÉN ME ELOGIE, Y SI VIVO UNA VIDA FRUCTÍFERA
> NO IMPORTA QUIÉN ME CRITIQUE".
> —JOHN BUNYAN

DEJAR QUE OTROS TOMEN EL TIMÓN A VECES

Algunas veces, el ensimismamiento se manifiesta en contrariedad si pensamos que nosotros deberíamos estar a cargo de algo, en lugar de que otra persona lo esté. En estos casos, tenemos que aprender a rendirnos al liderazgo o la autoridad de otra persona. Deberíamos concentrarnos en quiénes somos llamados a ser, dónde y cuándo seamos llamados a serlo. No siempre tenemos que llevar el timón de las cosas; podemos permitir que otras personas utilicen sus dones de liderazgo y ejerciten sus propios llamados. De hecho, yo me siento estupendamente cuando no estoy a cargo de algo, ¡porque entonces no tengo ninguna responsabilidad por ello! Si soy llamado a dirigir en una situación o actividad, disfruto de hacerlo, pero si no soy llamado a estar a cargo, me relajo y estoy contento con ser un participante.

Asegúrese de no permitir que un deseo de estar a cargo evite que participe en un proyecto o aventura haciendo su mejor contribución. Además, no permita que evite que sea mentor activo de sus hijos, sus empleados, sus compañeros en una organización, u otras personas en su esfera de influencia, para que ellos puedan aprender, crecer, y finalmente ser capaces de hacerse cargo ellos mismos según su propósito único.

Cuando entendemos todas estas cosas, podemos soltar la negatividad del egocentrismo y promover lo positivo de enfocarnos en el horizonte más amplio, viviendo por encima del aplauso, y dando a otros una oportunidad de ejercitar sus propios dones de liderazgo.

LOS NEGATIVOS DEL ENOJO, EL RESENTIMIENTO Y LA AMARGURA

El enojo, en sí mismo, no es necesariamente negativo; lo que hacemos con nuestro enojo es lo que nos obstaculiza o nos ayuda. Por lo general, el enojo es una respuesta a una ofensa o una herida. Desgraciadamente, suceden muchas cosas en este mundo que hieren o rompen los corazones de las personas y hacen que estén enojadas, como ser ignorados, engañados, o que violen su confianza. Cuando las personas expresan su dolor, se manifiesta en palabras de enojo, pero cuando dirigen su dolor hacia su interior, puede convertirse en depresión. Si nunca resolvemos cómo nos sentimos con respecto a quienes nos han herido u ofendido, entonces nuestro enojo degenerará hacia el resentimiento. El resentimiento se infectará y pasará a ser amargura, y terminaremos con una vida amargada. La amargura destruye la personalidad humana, haciéndonos seres humanos cínicos y egocéntricos.

Algunas personas se vuelven resentidas porque sienten que la vida en general ha sido injusta con ellas. Su actitud dominante es: "Nunca puedo tomar un respiro", y se sienten ofendidas por otras personas cuyas situaciones en la vida parecen ser mejores que las suyas. Pueden resentirse contra otra persona por su éxito, pensando: *No sé por qué le dieron a él ese puesto. ¡Deberían habérmelo dado a mí!* Como resultado, reaccionan constantemente con enojo hacia otras personas o hacia sus circunstancias en lugar de utilizar sus dones para crear algo positivo en su vida. Una actitud de resentimiento no nos hará ganar muchos amigos, y meramente manchará el ejercicio de nuestro propio don.

> TENEMOS QUE ABORDAR NUESTROS PROBLEMAS
> Y SOLTARLOS, APARTÁNDOLOS DEL CAMINO PARA
> QUE NUESTRO DON PUEDA FLUIR LIBREMENTE Y SE
> CUMPLA NUESTRO PROPÓSITO.

No malgastemos nuestro tiempo en resentimiento o amargura. Hacerlo es como preparar un veneno para utilizarlo contra otra persona y que, de repente, se derrame sobre nosotros mismos. Contamina y hace un agujero en el recipiente que lo contiene en lugar de llegar al objeto para el que era. En cambio, cuando estamos atrapados en esas mentalidades negativas, debemos aprender a dejarlas a un lado, reconociendo que solo nos herimos a nosotros mismos. Tenemos que abordar nuestros problemas y soltarlos, apartándolos del camino para que nuestro don pueda fluir libremente y se cumpla nuestro propósito.

EXPRESAR NUESTROS SENTIMIENTOS

Para tratar el enojo y el resentimiento, primero necesitamos expresar cómo nos sentimos, pero no necesariamente a la persona que nos hirió o contra la cual albergamos el resentimiento. Con algunas personas es difícil hablar cara a cara, pues nos intimidan para decir lo que realmente queremos y necesitamos decir. A veces no es productivo confrontar a alguien, pero tenemos que hablar con alguien para desahogar nuestros sentimientos. Es más sano estar enojados externamente en el contexto adecuado que interiorizar el dolor, porque ese enojo puede carcomernos.

Sin embargo, deberíamos usar sabiduría al escoger a la persona con quien hablar. Muchas veces nos sentimos más cómodos con personas que comparten los mismos defectos que tenemos nosotros. ¿Por qué? Es porque parecen dar legitimidad a nuestros sentimientos. No hay necesidad de que hablemos del asunto con ellos tan solo para poder revolcarnos juntos en enojo o resentimiento. Deberíamos consultar a alguien que haya estado donde nosotros estamos y que haya sido exitoso al redirigir sus sentimientos hacia algo constructivo. Como hemos visto, si pasamos tiempo con individuos que valoran la sanidad e integridad de cuerpo, mente y espíritu, y la salud emocional, es probable que nuestro cuerpo, mente, espíritu y reservas emocionales se mantengan intactos al final del día. Cuando cultivamos relaciones con personas equilibradas y positivas, es casi seguro que será más productivo y agradable estar con nosotros que si pasamos tiempo con personas tóxicas que refuerzan perspectivas negativas que son contrarias a nuestros valores y nuestros mejores intereses.

Otro modo de expresar nuestros sentimientos es escribirlos en una hoja de papel, en una computadora o iPad, o en un diario. Estos métodos son útiles porque hay ciertos pensamientos que quizá no queramos expresar a otra persona, pero sigue habiendo la necesidad de dejar salir nuestros sentimientos. (Notemos que algunos de nuestros pensamientos podrían ser tan personales que tras escribirlos, puede que decidamos destruir lo que hemos escrito, para protegernos a nosotros mismos o a otras personas).

Como escribí en el capítulo sobre el equilibrio, creo que un diario es particularmente útil porque es un lugar privado para pensar en nuestros asuntos personales, examinar nuestros sentimientos y experiencias, o simplemente articular nuestros pensamientos y sueños. La práctica de escribir un diario nos permite expresar plenamente lo que pensamos; podemos decir todo lo que queramos expresar. Podría sorprenderse ante lo sanadora que puede ser esta práctica. Un estudio mostró que tras haber escrito un diario sobre experiencias estresantes de la vida, pacientes de asma mejoraron en promedio la función pulmonar en un 12 por ciento. Además, pacientes de artritis descubrieron en promedio que sus síntomas mejoraron en un 28 por ciento.[60] Escribir un diario es con frecuencia un proceso terapéutico. Solamente, no podemos permitir que nuestro diario se enfoque tanto hacia el interior que sigamos albergando esos sentimientos negativos en lugar de soltarlos.[61]

Otro método útil es escribir una carta a alguien que le haya herido, incluso si nunca tiene intención de enviarla porque, repito, la intención es solamente hacerlo salir de su sistema. El ofensor puede que ya no esté vivo, pero aun así puede escribir una carta a esa persona a fin de expresar sus pensamientos, dejándole saber cómo se siente por lo que esa persona hizo. La idea es que si se escribe, se saca de la mente. Muchas personas tienen problemas para dormir porque albergan enojo o heridas en sus mentes y corazones. Son atormentadas en la noche por bagaje emocional que podrían haber soltado antes de irse a la cama en la noche escribiendo al respecto. Esas veces, también podemos expresar nuestros sentimientos a Dios en oración y pedirle que lleve sanidad a la situación.

Reconozco que hay ciertas heridas que son muy profundas, como cuando la persona o sus familiares han sufrido abusos, o cuando un familiar ha

---

60. Véase https://www.ncbi.nlm.nih.gov/pubmed/10208146.
61. Véase Steven Stosney, PhD, "The Good and Bad of Journaling", *Psychology Today*, 6 de septiembre de 2013, https://www.psychologytoday.com/blog/anger-in-the-age-entitlement/201309/the-good-and-the-bad-journaling.

muerto o ha sido asesinado. En esos casos, puede que sea necesario buscar consejería profesional.

Si no expresamos nuestros sentimientos de alguna manera cuando hemos sido heridos, puede debilitarnos emocionalmente e incluso mentalmente, y hasta podría afectar a nuestra salud. A veces vamos caminando con la misma herida, la misma ofensa, o el mismo temor durante años porque lo hemos guardado en un cuarto en nuestro corazón y lo hemos cerrado con llave, y plaga nuestra vida. Lo soltamos al confrontarlo, y podemos comenzar a confrontarlo cuando lo expresamos. Algunas personas no quieren confrontar sus sentimientos porque tienen temor a que reaccionarán demasiado emocionalmente, pero está bien derramar lágrimas por nuestro dolor o enojo, porque al hacerlo podemos librarnos de emociones tóxicas.

PERDONAR A OTROS

Después de expresar cómo nos sentimos, necesitamos dar perdón a fin de experimentar una liberación plena. Recuerde este principio: la persona con la que seguimos enojados nos controla. Esa persona puede que ni siquiera se dé cuenta de que nos hiere, y probablemente ni siquiera piense en nosotros. Esa persona puede que ya no esté en nuestra vida, pero seguimos amargados y permitiéndonos a nosotros mismos ser controlados por el individuo o la situación.

Anteriormente hablamos de que nuestra programación crea nuestras creencias, nuestras creencias crean nuestras actitudes, nuestras actitudes crean nuestros sentimientos, nuestros sentimientos determinan nuestras acciones, y nuestras acciones crean resultados. Cuando perdonamos, cambiamos nuestro pensamiento sobre la situación, y eso influencia nuestras actitudes, nuestros sentimientos y nuestras acciones, creando resultados nuevos y positivos en nuestra vida. El perdón conduce a relaciones restauradas; por lo tanto, cuando una persona pierde la capacidad o la disposición de perdonar, sofoca sus propias relaciones.

Jesús enseñó: *"Y como queréis que hagan los hombres con vosotros, así también haced vosotros con ellos"*,[62] y *"sed, pues, misericordiosos, como también vuestro Padre es misericordioso"*.[63] Básicamente estaba diciendo: "Traten a otras

---

62. Lucas 6:31.
63. Lucas 6:36.

personas del modo en que les gustaría ser tratados. Actúen con otras personas con la misma dignidad y respeto con que les gustaría que ellos actuaran con ustedes". Mostramos misericordia a otros tal como Dios nos muestra misericordia a nosotros porque sabemos que todo el mundo mete la pata a veces. Todos vamos a cometer errores. No somos personas perfectas, así que todos necesitamos misericordia: de parte de Dios y de otras personas.

CUANDO PERDONAMOS, CAMBIAMOS NUESTRO PENSAMIENTO, CREANDO RESULTADOS NUEVOS Y POSITIVOS EN NUESTRA VIDA.

Algunas personas han sido tan heridas, que no creen que serán capaces de perdonar. Hay veces en que puede que nos preguntemos: ¿Por qué permite Dios que nos sucedan ciertas cosas en un principio, donde somos situados en una posición de tener que perdonar? Dios no nos protege completamente de todo, pero creo que Él está *con* nosotros en todo, dándonos consuelo y la capacidad de salir de la experiencia siendo más fuertes. Y Él puede capacitarnos para perdonar.

Quizá haya visto entrevistas con personas en programas de televisión en las que alguien mató a un familiar, como madre, padre, esposa, esposo o hijo, y sin embargo expresan su perdón hacia el asesino. Puede que usted se preguntara: *Pero ¿cómo es posible que pueda perdonar a una persona así? ¿Cómo se puede hacer eso?* Si no lo perdonaban, seguirían siendo siempre una víctima del resentimiento o el odio en su interior, y su vida estaría llena de amargura. El asesino no solo les habría robado a su familiar, sino también esencialmente su propia vida. Quedarían estancados en su crecimiento como persona y en el cumplimiento de su propósito. Lo mismo es verdad hasta cierto grado en cualquier nivel de herida que estemos tratando. La única manera de romper ese poder es soltar la ofensa de su vida mediante el perdón.

Y el perdón es algo que se puede aprender. Como muchas cosas, el perdón es un proceso y no un evento; por lo general no se produce de la noche a la mañana. Usted tiene que decidir perdonar cada vez que regrese a su mente el recuerdo de la ofensa. Puede decirle a alguien, o sobre alguien, que le ha ofendido: "Tú me heriste, pero te perdono", y soltar la ofensa de su vida. Pero horas después, o días después, o semanas después, el pensamiento de lo que esa persona le hizo a usted o a un ser querido puede regresar a su mente otra vez, y tendrá que recordarse a usted mismo: "Ya le he perdonado por eso. Ya lo he soltado. Ya no lo guardo".

Por lo tanto, el perdón no es generalmente un acto de una sola vez, en especial con respecto a heridas profundas. Cada vez que regresa el recuerdo, tiene que volver a soltarlo. Pero mientras más veces haga eso, menos frecuentes serán esos episodios en su vida.

Cuando decidimos perdonar, estamos diciendo: "Yo no soy responsable de lo que me sucedió *a mí*, pero soy responsable de lo que sucede *en* mí. Yo soy responsable de cómo respondo a ello". Si tomamos las decisiones correctas sobre lo que sucede en nosotros, no nos convertiremos en una persona resentida o vengativa. No seguiremos siendo una víctima. Cuando vivimos con una mentalidad de víctima, atraemos cosas negativas a nuestra vida. Pero de nuevo rompemos ese poder diciendo: "Perdono".

Perdonar a otros incluye aprender a volver a confiar. Es cierto que siempre que confiamos en alguien, nos volvemos vulnerables a ser heridos, engañados, y que se aprovechen de nosotros; pero eso viene con el territorio de la confianza. Yo prefiero vivir con confianza, conociendo los riesgos, que no tener confianza alguna. Creo que la persona que confía cometerá menos errores que quien no confía, porque la confianza es una señal de un corazón sano.[64]

Cuando perdonamos, también necesitamos ser capaces de permitir que el amor regrese a nuestras vidas. Francamente, algunas personas han sido tan heridas que no saben cómo volver a recibir amor. Conozco a muchas personas que no tienen ningún problema para dar amor, pero tienen un problema para recibir amor. A veces se requiere una mayor humildad para recibir amor que para darlo, pero necesitamos un equilibrio de ambas cosas.

---

64. Habrá excepciones de la cantidad de confianza que deberíamos mostrar, como en situaciones en las que alguien ha abusado de nosotros. En esos casos, el perdón es también necesario, pero no podemos confiar de la misma manera. Dependiendo de la situación, puede que sea necesario una cautela continuada o la falta total de contacto.

PERDONARNOS A NOSOTROS MISMOS

Hay veces en que necesitamos perdonarnos a nosotros mismos y también a la persona que nos ha enojado debido al modo negativo en que hemos reaccionado. Además, no es posible para ninguno de nosotros tener una relación cercana con alguien y no tener que perdonar a la otra persona y también ser perdonados por él o ella. Inevitablemente, ofenderemos a alguien, a veces conscientemente y otras veces sin ser conscientes de ello. Cuando lo hacemos, necesitamos perdonarnos a nosotros mismos.

A muchas personas les resulta fácil aceptar el perdón de Dios y el perdón de otras personas, pero les resulta muy difícil perdonarse a sí mismas. Sin embargo, no tenemos ningún derecho a mantenernos a nosotros mismos cautivos, y seguir flagelándonos, por los errores y las cosas equivocadas que hemos hecho. La culpabilidad conduce a sentimientos de ineptitud e indignidad. Por ejemplo, cuando las personas hacen algo equivocado, y entonces les sucede algo negativo, como no conseguir el empleo que querían, a veces sienten que el resultado estuvo justificado porque están "pagando" por lo que hicieron. La culpabilidad puede hacer que nos sintamos descalificados para nuestros sueños y metas. La respuesta es pedir perdón a otros cuando les hayamos ofendido, y permitir a Dios que nos perdone y nos restaure. Yo regularmente veo a Dios tomar los pedazos rotos de vidas de personas y volver a componerlos.

En su libro *Choices That Change Lives* (Decisiones que Cambian Vidas), el autor de éxitos de ventas, Hal Urban, da una lista de los diez beneficios principales del perdón que resumen de modo muy hermoso cómo el perdón libera los negativos del enojo, el resentimiento y la amargura en nuestras vidas:

1. El perdón pone fin a una conducta autoderrotista.

2. El perdón nos aleja del pasado.

3. El perdón nos hace libres y permite que avancemos.

4. El perdón nos hace ser mejores personas.

5. El perdón fortalece nuestro carácter.

6. El perdón nos hace más amorosos.

7. El perdón mejora nuestra salud mental y física.

8. El perdón nos da paz mental.

9. El perdón aumenta nuestra sabiduría.

10. El perdón honra a Dios [y libera perdón de Él a nosotros].[65]

BENEFICIOS DE UNA VIDA CON SABIDURÍA

*   Liberar negativos que nos obstaculizan y promover positivos que nos edifican mejoran no solo nuestro bienestar personal, sino también nuestro éxito profesional y nuestras interacciones con otros.

*   Liberar lo negativo y promover lo positivo en nuestras vidas fortalece nuestra capacidad para aplicar nuestros planes y metas de modo firme y coherente y para el mayor beneficio de todos.

*   El significado verdadero llega cuando añadimos valor a otros, cuando ayudamos a tocar o transformar a otras personas, o elevarlas a un nivel más alto en la vida.

*   Cuando perdonamos, cambiamos nuestro pensamiento, y eso crea resultados nuevos y positivos en nuestra vida.

APLICAR LA SABIDURÍA

1. ¿Qué negativos puede identificar como obstáculos en su vida? ¿De qué maneras se identifica con los asuntos del ensimismamiento, el enojo, el resentimiento y la amargura?

2. ¿Cómo puede aplicar las pautas de este capítulo para liberar negativos que le obstaculizan y promover positivos que le edificarán?

3. Dé un paso concreto hacia liberar un negativo y fomentar un positivo en su vida esta semana.

---

65. Hal Urban, *Choices That Change Lives* (New York: Fireside Books [Simon & Schuster], 2006), pp. 73–77. Parte entre corchetes añadida.

PARTE 4

LA SABIDURÍA TERMINA BIEN

15

LA SABIDURÍA TRANSFORMA LOS SUEÑOS EN REALIDAD

*"Es, pues, la fe la certeza de lo que se espera,
la convicción de lo que no se ve".*[66]

Cuando seguimos el viaje de la sabiduría, permitiendo que nos guíe a medida que pasamos de la concepción de nuestro sueño a su realidad, progresamos por cuatro etapas principales. Algunas de esas etapas son más largas que otras e implican ciclos repetidos, pero cada etapa tiene un propósito específico.

CUATRO ETAPAS DE SUEÑO A REALIDAD

- El primer paso es la *declaración*. Cuando tomamos una decisión de hacer algo y lo declaramos, afirmándolo para nosotros mismos y los demás, situamos nuestra voluntad en una dirección en particular. Si nunca decretamos nada, nunca empezaremos nada. Tan solo estamos comprometidos con lo que confesamos.

- Después de hacer tal declaración, con frecuencia enfrentamos inmediatamente oposición y otros problemas. Esto conduce al segundo paso, que es *angustia*. Nos preguntamos cómo es posible

---

66. Hebreos 11:1

190

que podamos manejar todos los obstáculos y dificultades que parecen estar obrando contra el cumplimiento de nuestro sueño.

♦ Si estamos abiertos al cambio y nos permitimos ser estirados, nuestra angustia nos llevará al tercer paso, *desarrollo*, que nos capacita para pasar de un nivel al siguiente a medida que crecemos y maduramos. Puede que seamos una persona de nivel tres tratando un problema de nivel cinco. Nuestro problema es mayor que nosotros, de modo que nos encontramos batallando. Sin embargo, esta es la verdad del asunto: aunque nuestros problemas sean estacionarios, nosotros no lo somos. Aprendemos a manejar los desafíos del problema de nivel cinco desarrollándonos espiritualmente, mentalmente y emocionalmente. Cuando aprendemos las lecciones necesarias, finalmente progresamos a un nivel cuatro y después a un nivel cinco, un nivel seis, un nivel siete, y así sucesivamente. Si es usted una persona de nivel siete que mira un problema de nivel cinco, ahora puede decir: "Eso no es un problema", porque habrá crecido personalmente y profesionalmente hasta el grado en que es usted mayor que el problema y sabe cómo abordarlo, ya que lo ha dejado atrás. Los seres humanos tienen una capacidad maravillosa para crecer: podemos crecer personalmente, podemos crecer en nuestra visión, y podemos crecer en el desarrollo de nuestros dones.

Recuerde que los problemas son normales en la vida y que todo sueño, toda visión, se enfrentará a desafíos. No conozco a nadie que haya intentado hacer realidad un sueño y que no experimentara problemas y necesitara descubrir cómo manejarlos. Dado que los obstáculos y las dificultades son de esperarse, no permita que los problemas lo empujen. Más bien *sea guiado por sus sueños cuando aborda los problemas.*

Ya que seguiremos creciendo y desarrollándonos a lo largo de nuestra vida, siempre nos encontraremos en esta tercera etapa de una forma u otra, pero resultará en continuo desarrollo, logro y éxito.

♦ Nuestro desarrollo finalmente nos conducirá a una *demostración* que mostrará nuestro don dominante. Es en ese momento cuando el sueño se convierte en realidad, o al menos la manifestación inicial. Es posible que existan varias manifestaciones de nuestro sueño a medida que avanzamos. Pero nuestro don no está preparado para mostrarse hasta que hayamos declarado nuestro sueño, experimentado la angustia de la dificultad y la oposición, y nos hayamos sometido al proceso de desarrollo. Como hemos hablado anteriormente, nuestro don es innato, pero no opera en toda su capacidad en seguida. Debemos desarrollarlo activamente, y permitirle que sea desafiado y probado antes de que llegue a su máxima realización.

NUESTRO DESARROLLO CONDUCE FINALMENTE A UNA DEMOSTRACIÓN QUE MOSTRARÁ NUESTRO DON DOMINANTE.

Para progresar exitosamente por las etapas anteriores, necesitamos aplicar los principios del viaje de sabiduría que hemos explorado hasta aquí: descubrir nuestro propósito y don dominante, hacer planes y establecer metas, crear hábitos ganadores, cultivar relaciones clave, ejercitar estrategias financieras sensatas, vencer la postergación, buscar el equilibrio y contentamiento en la vida, y liberar perspectivas negativas a la vez que promovemos otras positivas.

Los siguientes son algunos puntos clave para ayudarle a poner en práctica estos principios a medida que avanza progresivamente hacia su meta, llevando sus sueños desde la idea original hasta su cumplimiento, incluso mientras navega por los diversos montes y valles, y las alzas y bajas de este proceso.

1. MANTENGA VIVO EL SUEÑO

El primer punto es mantener vivo su propósito en su mente y su corazón, visualizando regularmente su sueño, esperando lo imposible, y reconociendo nuevas oportunidades.

VISUALICE SU SUEÑO REGULARMENTE

Visualice regularmente lo que quiere lograr y a dónde quiere ir, a fin de mantener su propósito claramente en su mente, y permitir que esa imagen influencie sus acciones. Hacer eso reforzará continuamente lo que usted ha declarado que hará. Mi padre comenzó a llevarse a sí mismo como si fuera millonario, antes de llegar a serlo. Tenía mentalidad de millonario, lo cual influenciaba su pensamiento. Debido a que pensaba en sí mismo como millonario, las personas lo trataban como tal. Después de un tiempo, el modo en que pensaba en su corazón se manifestó en realidad en su vida. De nuevo, siempre necesitamos pensar hacia el siguiente nivel. Dondequiera que esté en su mente es donde usted realmente se encuentra. Nuestras acciones siguen nuestros pensamientos.

ESPERE LO IMPOSIBLE

No tema esperar lo imposible. De hecho, busque oportunidades para que lo "imposible" se cumpla. Tomemos la historia de Richard Montañez, un hombre mexicano-americano que abandonó la secundaria debido a dificultades con el idioma, y aceptó un empleo como conserje en una fábrica de Frito-Lay en California. El presidente de la empresa envió un mensaje a todos sus empleados alentándolos a "pensar como un dueño". Richard quedó sorprendido al comprobar que él parecía ser el único en su departamento que comenzó a tomarse en serio la sugerencia. Tras orar a Dios pidiendo una idea, desarrolló el concepto de *Flamin' Hot Cheetos* (Cheetos Ardientes), que llegó a ser el producto de mayor venta de la empresa.[67] En la actualidad es un ejecutivo que se enfoca en ventas multiculturales y promociones comunitarias para PepsiCo, la empresa hermana de Frito-Lay. Cuando ponga en movimiento un sueño, espere algo por encima de lo que pueda ver con sus propios ojos. Espere que se abran puertas para usted. Espere que sucederán cosas que excederán su capacidad para calcular.

---

67. Véase Nextshark, "A Humble Mexican Janitor Accidentally Invented Flamin' Hot Cheetos and This Is His Life", 1 de marzo de 2016, https://www.foodbeast.com/news/a-humble-mexican-janitor-accidentally-invented-flamin-hot-cheetos-and-this-is-his-life/, and Michael Ashcraft, "God Gave Hispanic Janitor at Frito-Lay Factory a Vision for Flamin' Hot Cheetos", 11 de abril de 2017, http://blog.godreports.com/2017/04/god-gave-hispanic-janitor-at-frito-lay-factory-vision-for-flamin-hot-cheetos/.

RECONOZCA NUEVAS OPORTUNIDADES

Quienes obtienen el mayor beneficio de un producto o una innovación son con frecuencia aquellos que detectan primero su potencial, o ven sus aplicaciones más amplias antes de que otros las vean. Por ejemplo, cuando los iPhone se presentaron por primera vez, inmediatamente fueron populares, y las personas estaban emocionadas por utilizarlos. Yo también pensé que eran maravillosos, pero no me interesaba tener uno porque ya tenía otro tipo de teléfono que satisfacía mis necesidades. Sin embargo, reconocí su valor en el mercado, de modo que compré un iPhone, no tanto para poder utilizarlo, no porque estuviera interesado en su tecnología, sino porque podía abrirlo e identificar sus componentes, y quién los fabricó a fin de saber en qué empresas invertir.

Si no reconocemos las oportunidades, no podremos aprovecharlas. Igualmente, siempre deberíamos buscar oportunidades que agudicen y afilen nuestros propios dones. Repase regularmente cómo está ejercitando su don dominante, y busque maneras de aumentar su efectividad. Lo que usted estaba haciendo hace cinco años podría estar anticuado ahora. Tenemos que reinventarnos constantemente, y mantenernos al tanto de los desarrollos actuales, de modo que no nos volvamos irrelevantes en la sociedad y la época en que vivimos.

QUIENES OBTIENEN EL MAYOR BENEFICIO DE UN PRODUCTO O UNA INNOVACIÓN SON CON FRECUENCIA AQUELLOS QUE DETECTAN PRIMERO SU POTENCIAL, O VEN SUS APLICACIONES MÁS AMPLIAS ANTES DE QUE OTROS LAS VEAN.

2. FACILITE EL SUEÑO

A continuación, podemos facilitar el progreso de nuestro sueño mediante marcar nuestro propio paso, aceleración, eliminando "el peso muerto", y dejando atrás el fracaso.

MARQUE SU PROPIO PASO

La vida no es una carrera de velocidad. Se parece más a una carrera de larga distancia donde tenemos que marcar nuestro propio paso. Debemos mantener energía en nuestra reserva y construir nuestra resistencia para que cuando lleguen las dificultades, podamos dar pasos grandes y deliberados hacia delante. Siempre que enfrentamos una experiencia difícil, nuestra tendencia es a querer apresurarnos para que termine. Pero necesitamos ocuparnos más de nuestro desarrollo y resistencia, que de nuestra comodidad y conveniencia.

Marcar nuestro paso a medida que seguimos nuestro sueño es necesario porque necesitamos tiempo para prepararnos para su cumplimiento. Por ejemplo, supongamos que nuestro carácter no está lo bastante desarrollado antes de que nuestro don nos abra puertas en el mundo. Estar en el centro de atención con frecuencia ilumina nuestros defectos, y quedarán expuestas las imperfecciones de nuestro carácter. La pregunta es: ¿Podemos aguantar el calor de la exposición? Podemos si marcamos nuestro propio ritmo, permitiendo que nuestro carácter sea refinado mientras seguimos desarrollando nuestro don.

La vida es algo que se vive hacia adelante; por lo tanto, podemos generalmente entenderla solamente cuando miramos atrás a lo que hemos experimentado, y los resultados de nuestras acciones. Cuando repasamos el pasado, a veces podemos ver por qué tuvimos que atravesar diversas dificultades para alcanzar nuestra meta. Puede que nos pareciera que íbamos avanzando hacia nuestro propósito dando vueltas y vueltas, pero al reflexionar, vemos que nuestro camino nos permitió aprender cosas importantes sobre nosotros mismos y nuestro propósito, a medida que recorríamos el viaje de la vida.

ACELERE EL PROCESO

Hay un tiempo para la preparación y la espera, pero también hay un tiempo para la aceleración. Cuando parezca el momento correcto para avanzar, puede que necesite encontrar un catalizador, un medio de cobrar impulso, que le provea la capacidad para progresar. ¿Cómo puede acelerar lo que está haciendo y hacia dónde se dirige? Podría requerir hacer un seguimiento o volver a principios de los que hablamos anteriormente: pasar tiempo con individuos que estén trabajando en el mismo campo, de modo que pueda ser inspirado por ellos con un nuevo entusiasmo y nuevas perspectivas. O encontrar un mentor que haya estado donde usted está, y pueda compartir sus experiencias y su sabiduría. O aclarar su visión y asegurarse de que sus metas sean lo bastante específicas. Cualquiera de esas cosas puede servir para acelerar la manifestación de un sueño. Repase los principios de la sabiduría para ver dónde podría necesitar implementar un paso o volver a repasar otro.

ELIMINE EL "PESO MUERTO"

Algunas veces, las circunstancias u otras personas pueden aplastarnos como si fueran pesas, a medida que nos esforzamos por desarrollar nuestra visión. Estas son pesas que están malgastando nuestro tiempo, drenando nuestra energía, y agotando nuestros recursos. A menos que eliminemos estas pesas, nos demoraremos en ver nuestro sueño convertido en realidad.

Una de mis ilustraciones favoritas de la necesidad de apartar lo que es perjudicial o ya no es útil, a fin de cumplir nuestro destino viene de un dicho de los indios Dakota, que han transmitido su sabiduría tribal a lo largo de las generaciones: "Cuando descubra que está montando un caballo muerto, la mejor estrategia es desmontarse". Cuando permanecemos en una situación por más tiempo del que deberíamos debido a que estamos acostumbrados a ella, o cuando seguimos intentando implementar un plan que claramente no está funcionando, es como si intentáramos montar sobre un caballo muerto. En tales ocasiones podemos ser lentos para desmontar, incluso cuando la finalidad de la situación se hace obvia.

Cuando algunas personas se encuentran en esa situación, azotan al caballo intentando hacer que se mueva. Pero el caballo sigue estando muerto; él no irá a ninguna parte. Otras personas ofrecen azúcar al caballo, como si tan solo fuera necesario un poco más de energía para seguir adelante. Y hay otras que intentan cambiar de jinete para ver si eso ayuda. Y también están quienes forman un comité para estudiar al caballo muerto, para determinar lo que puede hacerse al respecto.

A veces veo a personas que están en una situación que obviamente no conduce a ninguna parte. Podría ser una relación que creían que iba a ser "la definitiva", una idea de negocio, u otro sueño o ideal. Creían en el caballo, tenían esperanza en el caballo, y amaban al caballo. Ahora el caballo está muerto, pero ellos niegan ese hecho; creen que desmontarlo es equivalente a rendirse, y tienen temor a que nunca habrá otro caballo que puedan montar. Es como si llevaran puestas viseras, incapaces de ver otros caminos o posibilidades, manteniendo visión de túnel, pensando que lo que están haciendo actualmente es el modo en que siempre ha sido, y el modo en que siempre será. Terminan dejando su vida en espera, cuando deben moverse adelante.

Desmontarse de una situación así requiere sabiduría, y en raras ocasiones ocurre sin que tengamos un proceso intencional de lo que queremos hacer a continuación. Pero comienza con reconocer que hay una falta de ímpetu hacia adelante en nuestras vidas, cuando descubrimos que a pesar de esforzarnos más y más inteligentemente, o para arreglar algo, seguimos estando en el mismo lugar. Algunas personas necesitan estrellarse, hablando figuradamente, a fin de escuchar esa llamada de atención. En última instancia, tenemos que reconocer que quedarnos en ese lugar no es nuestro destino deseado, momento en que finalmente nos desmontamos del caballo. Por lo general terminamos reprendiéndonos a nosotros mismos por no habernos desmontado antes.

"RÍNDASE A LO QUE ES", "SUELTE LO QUE ERA", Y "TENGA FE EN LO QUE SERÁ".
—SONYA RICOTTI

En tales casos, avanzar podría ser lo más difícil que haremos jamás, pero es necesario. Sonya Ricotti, autora de *Unsinkable: How to Bounce Back Quicky When Life Knocks You Down* (Insumergible: Cómo rebotar rápidamente cuando la vida nos derriba), dice que deberíamos "rendirnos a lo que es", "soltar lo que era", y "tener fe en lo que será".[68] Se requiere valentía para hacer eso; se requiere confianza para hacer eso. Sin embargo cuando lo hagamos, seremos capaces de lanzarnos y hacer algo diferente, o hacer lo mismo de

---

68. Sonya Ricotti, *Unsinkable* (Pompton Plains, NJ: The Career Press, Inc., 2015), capítulo 2.

modo diferente. Tenemos que mantenernos apasionados por lo que hemos sido llamados a lograr; por lo que fuimos puestos en la tierra para alcanzar.

Voy a añadir este comentario: si usted tiene algo que sabe que funciona, pero no parece avanzar, no cambie la fórmula (caballo); en su lugar, cambie la audiencia. Usted tiene que ir donde sea valorado, porque eso liberará su don en una dimensión totalmente nueva. Encuentre a las personas que amen lo que usted tiene que ofrecer. Ellas se alegrarán de haberle conocido.

CONSIDERE EL FRACASO COMO ALGO TEMPORAL

Mientras progresamos desde el sueño hacia la realidad, inevitablemente enfrentaremos varios reveses, errores, e incluso fracasos. Algunos fracasos ocurren naturalmente cuando atravesamos el proceso de la prueba y el error, al intentar algo nuevo o experimentar con algo. Con frecuencia, el fracaso está vinculado a la inexperiencia. Pero el fracaso siempre está escrito con lápiz, y no con tinta. Estar derrotado, por lo general, es una condición temporal. Rendirse es lo que la hace permanente.

No deberíamos tirar la toalla tan solo porque hayamos estado en una situación donde hemos fracasado en algo que intentamos. De hecho, las personas que evitan el fracaso evitan también el éxito. El fracaso inspira a los ganadores. Cuando usted está siguiendo su propósito y es derribado y experimenta reveses, debería ser conocido como "el chico que regresa". Se dice que Confucio dijo: "Nuestra mayor gloria no está en no fracasar nunca, sino en levantarnos cada vez que fracasamos".

El fracaso a menudo revela cierta área en la que necesitamos que nos enseñen algo. Con esto en mente, deberíamos llegar a ser los mayores estudiantes de la vida, particularmente en las áreas en que somos desafiados. Con frecuencia, las mayores lecciones que podemos aprender son las que descubrimos mediante los problemas que atravesamos. Aprendemos más de nuestros fracasos que de nuestros éxitos. Las lecciones están en las luchas, no en las victorias. Cada derrota, cada pérdida, contiene su propia lección sobre cómo podemos mejorar nuestro desempeño la próxima vez.

Ya que inevitablemente pagamos mucho por nuestra educación en la escuela de los golpes duros, cuando pasamos las pruebas y obtenemos nuestro diploma, no olvidemos lo que hemos aprendido.

Tomemos el conocimiento, la sabiduría y los principios de esas lecciones, y permitamos que nos capaciten para nuestro futuro. Frederick Douglass dijo: "Si no hay lucha, no hay progreso".

Mientras que algunos fracasos son el resultado natural de la experimentación y de probar cosas nuevas, otros fracasos, como hemos discutido anteriormente, vienen por una falta de preparación. Tiene un costo para nosotros cuando tomamos malas decisiones tan solo porque no dedicamos tiempo a pensar bien las cosas. Por lo tanto, si fracasamos debido a falta de preparación, necesitamos tomar el tiempo ahora para evaluar la situación. Todos hemos oído la frase: "Si al principio no tiene éxito, vuelva a intentarlo". Eso es bueno, pero salta algunas etapas. Si al principio no tiene usted éxito, entonces deténgase... piense... y analice por qué no funcionó esa vez. Haga ajustes, y después vuelva a intentarlo con más inteligencia, incorporando el conocimiento, la sabiduría y la planificación adecuados.

Otro tipo de fracaso proviene de una debilidad de carácter. Aquellos que han experimentado tal fracaso necesitan reconocerlo y abordarlo con un plan para soltar lo negativo y fomentar lo positivo en sus vidas, a la vez que desarrollan hábitos positivos.

Independientemente de cuál sea la causa del fracaso, a nadie le gusta cómo se siente el fracaso cuando lo experimenta. Lo importante es nunca vincular nuestros fracasos con nuestra valía esencial como seres humanos. Muchas personas batallan con el "fracaso oculto". Son individuos que por fuera parece que todo les va bien en la vida, pero se castigan en silencio porque asocian su fracaso con quiénes son ellos, con su identidad. Es un claro error que cualquiera diga jamás las palabras: "Soy un fracaso". *El fracaso nunca es una persona; siempre es un evento.*

Cuando alguien experimenta fracaso, puede atravesar diversas etapas de reacción a ese fracaso, dependiendo de qué forma haya adoptado el fracaso:

1. Sorpresa o asombro ("Esto no sucedió realmente, ¿verdad?")

2. Temor ("¿Qué voy a hacer? ¿Qué me va a suceder?")

3. Enojo y culpa ("¡No es justo! ¡Es culpa de fulanito!")

4. Culpabilidad por lo que hizo ("Lo arruiné bien"), o vergüenza por quien es ("¿Qué pensarán de mí las personas ahora? No puedo hacerles frente")

5. Depresión ("Soy una mala persona") o desesperación ("Nunca me sobrepondré a esto")

Con cualquier tipo de fracaso, la solución no es quedarse atascado en alguna de esas etapas. Podemos *superar* el asombro. Podemos *superar* el temor. Podemos *superar* el enojo y la culpa. Podemos *superar* la culpabilidad. Si hacemos eso, no terminaremos con depresión o desesperación, sino que finalmente consideraremos el fracaso como un proceso de aprendizaje.

Como ha dicho alguien: "Su condición no es su conclusión". Del mayor de los fracasos puede nacer su mayor sabiduría. Por lo tanto, decida no quedarse en los momentos en que ha fracasado. Es un día nuevo. Salga de su pasado, y entre en el propósito que Dios le ha dado.

"LAS CIMAS DE MONTAÑAS INSPIRAN A LOS LÍDERES,
PERO LOS VALLES LES HACEN MADURAR".
—WINSTON CHURCHILL

---

3. ACEPTE LOS COSTOS DEL SUEÑO

El tercer punto es recordar que debemos aceptar los costos inevitables de nuestro sueño, algo que muchas personas no están dispuestas a hacer. Incluidos en los costos están la necesidad de sacrificio y la necesidad de perseverancia.

ESPERE HACER SACRIFICIOS

No hay duda al respecto: si queremos construir algo significativo en nuestra vida, vamos a tener que aprender a sacrificarnos. Tendremos que trabajar duro. Nuestro don nunca llegará a la grandeza mediante un esfuerzo mediocre y promedio. La victoria siempre está al otro lado de la inconveniencia. También tendremos que tomar decisiones difíciles acerca de lo que es más importante para nosotros. Hágase la pregunta: "¿Qué estoy dispuesto a abandonar a fin de ver mi sueño convertido en realidad?". Cada vez que aumentamos nuestro enfoque en algo, debemos disminuir nuestro enfoque en otra cosa. No podemos sobresalir en todo.

Además, debemos estar dispuestos a apartarnos de otras personas que no comparten el mismo nivel de compromiso. No tenga temor cuando su don dominante le lleve a lugares solitarios de vez en cuando, porque enfocarse en su don requerirá un tiempo dedicado de su vida. Algunas veces, puede que necesitemos sacrificar nuestra sensación de seguridad. Tenemos que cambiar nuestra perspectiva de modo que nos enamoremos más de la oportunidad que de la seguridad; cuando lo hagamos, perseguiremos nuestro don incluso en medio de la incertidumbre, porque sabemos que hay algo mejor para nosotros o para otras personas.

SEGUIR PERSEVERANDO

Cuando es necesario mucho tiempo para que nuestro sueño se cumpla, cuando no hemos visto suceder muchas cosas, puede que lleguemos a desalentarnos y comencemos a perder la esperanza en el sueño. Incluso podríamos llegar a irritarnos cuando hay personas que intentan darnos palabras de aliento al respecto. En tales momentos, necesitamos resistir, resolver, y reanudar. No podemos llevar nada a la perfección o la excelencia a menos que aprendamos a continuar. Y nunca haremos progreso más allá de nuestro nivel de compromiso. Cualquier cosa que tenga que hacer para seguir su propósito, incluso si tiene que trabajar en su sueño en una oficina creada en un rincón de su sótano o de su cocina, incluso si tiene que convertir su mesilla de noche en un escritorio, hágalo por la gracia de Dios, ¡y avive su don!

Tenga tenacidad. Siga adelante. Nunca se rinda. Resista hasta el fin. Recuerde: no importa cómo comienza, importa cómo termina. Puede que no sepa cómo saldrán las cosas, y puede que no sepa cuándo llegará a manifestarse finalmente su sueño, pero decida en su corazón: "¡No me voy a rendir!". Mientras se aferre a su sueño y siga desarrollando su don, su don le abrirá las puertas, y su sueño se convertirá en realidad.

BENEFICIOS DE UNA VIDA CON SABIDURÍA

+ Nuestro desarrollo personal y profesional conduce en última instancia a una *demostración* que muestra nuestro don dominante.

202 *Principios y Poder de la Sabiduría*

+ Imaginar regularmente lo que quiere usted lograr y dónde quiere ir mantendrá su propósito claramente en su mente y reforzará lo que ha declarado que hará, influenciando sus acciones.

+ Quienes obtienen el mayor beneficio de un producto o innovación son quienes detectan primero su potencial o ven sus aplicaciones más amplias antes de que las vean otros.

+ "Rendirse a lo que es, soltar lo que era, y tener fe en lo que será" puede ayudarnos a eliminar pesos muertos en nuestra vida que están evitando que avancemos con nuestro sueño.

+ Cada derrota, cada pérdida, contiene su propia lección sobre cómo podemos mejorar nuestro desempeño la próxima vez. De nuestro mayor fracaso puede nacer nuestra mayor sabiduría.

+ Mientras se aferre a su sueño y siga desarrollando su don, su don hará espacio para usted, y su sueño se convertirá en realidad.

APLICAR LA SABIDURÍA

1. Sea creativo en encontrar maneras de mantener su visión en un primer plano en su mente, como poner en su casa o su lugar de trabajo un resumen de una sola frase de su visión, una cita inspiradora, o una foto o imagen significativa.

2. ¿Qué "peso" podría estar reteniéndole para que no progrese hacia su sueño? Tome la decisión de "desmontar del caballo muerto", desarrollando un plan intencional para cómo avanzar desde ahí.

3. ¿Cómo reacciona por lo general a sus fracasos, ya sea por la experimentación, falta de experiencia, falta de preparación, o un defecto del carácter? Consideremos las diversas etapas de reacción al fracaso y en qué etapa podría estar usted ahora con respecto a una experiencia en particular. Evalúe lo que salió mal y piense en qué lecciones puede aprender de ello que le capacitarán para su futuro. Recuerde siempre que *el fracaso nunca es una persona; siempre es un evento*.

16

LA SABIDURÍA DEJA UN LEGADO

"La vida que usted vive es el legado que deja."

Cuando el propósito madura, se denomina legado. Esto se debe a que cuando nuestros sueños se convierten en realidad, e incluso mientras seguimos progresando por la etapa de desarrollo y aprendiendo lecciones en la vida, el viaje de la sabiduría nos dirige a buscar a otros a lo largo del camino de la vida, a quienes podamos transmitir nuestro conocimiento y experiencia, allanando el camino para ellos y capacitándolos para navegarlo mejor por sí mismos. Cuando nosotros hemos recorrido ese camino, hemos reunido un tesoro de principios de sabiduría, y tenemos mucho que podemos compartir para el beneficio de otros. Además, hemos reunido otros recursos que podemos entregar como una herencia de prosperidad y bendición.

ADENTRO, AFUERA, ARRIBA Y ADELANTE

Nuestro sueño o visión fue diseñado para viajar en cuatro direcciones: *hacia adentro, hacia fuera, hacia arriba* y *hacia adelante*. Este es el proceso del legado. Dios nos da sueños, visiones e ideas; nosotros los recibimos y los interiorizamos, llevándolos *hacia adentro*. Entonces, a medida que progresamos del sueño a la realidad, esos sueños, visiones e ideas se manifestarán *hacia fuera* en el mundo. Después de manifestarse, debemos dirigirlos *hacia arriba*, para "devolver" al Creador lo que Él nos ha dado para que pueda experimentar un crecimiento aún mayor; repito que Dios nos dio nuestro sueño, y Él puede hacer más con él de lo que podemos imaginar. Finalmente, nuestro sueño y los principios de sabiduría que hemos reunido a lo largo del camino tienen que ser transmitidos *hacia adelante*, de modo que su influencia trascienda a nuestra vida. Construimos para la perpetuidad.

Yo no quiero que lo que he aprendido o he obtenido muera conmigo, meramente para enriquecer a una tumba. Dios nos da nuestra vida para un propósito más amplio que ese, y yo no quiero guardar la mía. Quiero poder sembrar las semillas de sabiduría que he reunido. Quiero poder plantarlas en las vidas de personas, para que la sabiduría siga siendo de beneficio, enriqueciendo a otros. Habrá personas, algunas de ellas no nacidas aún, que necesitarán conocer los principios de sabiduría que yo he internalizado, y que están dirigiendo mi vida. Y quiero poner a su disposición esos principios para que no solo puedan usarlos para sí mismos, sino también para que puedan transmitirlos a otras personas.

¿QUÉ ES LEGADO?

En última instancia, la vida que vivimos es el legado que dejamos. Eso significa que nuestro legado ya ha comenzado. Nos demos cuenta o no, nuestra vida está realizando un impacto presente en otra persona que nos está observando o mirando. Construimos nuestro legado cada día. Por lo tanto, el legado no solo se trata del futuro; se trata de lo que hacemos en este momento. Por lo tanto, aquí está mi pregunta para usted: ¿Qué está haciendo para construir un legado *intencional* que tendrá un impacto positivo en las vidas de otros? Como he escrito anteriormente, cuando somos exitosos en algo, eso nos añade valor a nosotros, pero solamente eso no nos produce significado. Nuestro verdadero significado llega cuando añadimos valor a otros, cuando ayudamos a tocar o transformar a otras personas, a elevarlas a un nivel más alto en la vida.

Todo gran legado comienza con una persona. Usted puede ser una importante bendición en este mundo. Cualquier tipo de riquezas que Dios traiga a su vida, ya sean mentales, emocionales, físicas o espirituales, Él le dará la oportunidad de utilizarlas para enriquecer a otros. Por ejemplo, Él le hará ser rico en ánimo para que así pueda enriquecer a otros con ánimo. Como resultado, lo que usted recibió será extendido por medio de usted a otras personas, de manera que cause un impacto.

En este capítulo quiero enfocarme en dos aspectos principales de un legado de sabiduría: (1) las creencias que transmitimos intencionalmente a generaciones sucesivas de nuestra familia: nuestros hijos, nietos, sobrinas y sobrinos, y otras personas cercanas. (2) Las relaciones de mentoría en las que entramos a propósito, al igual que la formación que damos a otros.

EL LEGADO NO SOLO SE TRATA SOBRE EL FUTURO; SE TRATA DE LO QUE ESTAMOS HACIENDO AHORA MISMO.

UNA HERENCIA DE SABIDURÍA PARA NUESTROS HIJOS

Yo creo que el mundo sería un lugar mucho mejor si los jóvenes no se fueran de su casa hasta haber recibido suficiente sabiduría por parte de sus padres para poder operar exitosamente en los asuntos de la vida. Hay demasiadas personas que salen al mundo mal preparadas; por consiguiente, cometen errores necios y evitables. Si nunca obtienen la sabiduría para aprender de sus errores y enmendar sus acciones, ellos y sus descendientes probablemente seguirán repitiendo los mismos errores.

Para evitar ese escenario, podemos dejar un legado de sabiduría para nuestros hijos y para futuras generaciones en tres áreas principales: *sabiduría sobre la vida, sabiduría sobre la valía,* y *sabiduría sobre la riqueza.*

SABIDURÍA SOBRE LA VIDA

La sabiduría guía, guarda y gradúa

El papel de la sabiduría puede resumirse como ser una guía, un guarda, y algo que gradúa nuestras vidas. Como guía, nos dirige en el viaje de la vida, ayudándonos a mantenernos en el camino correcto. Como guarda, nos protege y preserva, mente, cuerpo y espíritu. Al ir graduando nuestra vida, nos permite evaluar dónde estamos, reconocer dónde puede que nos hayamos desviado hacia el camino equivocado, y ver áreas en nuestras vidas que necesitamos mejorar o realzar.

Por eso, cuando transmitimos principios de sabiduría a generaciones posteriores, eso puede convertirse en una bendición increíble para la perpetuidad. Cada persona debe interiorizar la sabiduría por sí misma. Pero el valor de tener un buen comienzo, de recibir un legado de sabiduría de un padre o madre, abuelo, tío, tía, un amigo de la familia, no puede medirse.

Muchos niños no entienden lo que sus padres han experimentado en la vida, y cómo pagaron un alto precio para obtener la sabiduría que poseen. Cuando hablamos a nuestros descendientes, ya sean niños, adolescentes o adultos jóvenes, sobre la sabiduría que hemos aprendido, podemos ayudarlos a evitar los errores, los traspiés y los fracasos que nosotros tuvimos, al igual que la tristeza y el dolor que hemos experimentado. Podemos ahorrarles dolores de cabeza y sufrimientos al decirles: "Yo ya he estado ahí y he hecho eso, y sé hacia dónde conduce ese sendero. Este es el camino mejor que he descubierto". Podemos enseñarles a temprana edad cómo buscar su propósito en la vida y desarrollar su don dominante. Podemos ayudarles en medio de tiempos desafiantes, haciéndoles saber cómo logramos atravesar un desafío similar.

Si no damos a nuestros hijos algo para estar a la altura, pueden caer por cualquier cosa. Ellos necesitan la sabiduría como estándar de medida para sus vidas, para ayudarles a evaluar y gobernarse a sí mismos. Necesitan aliento. Necesitan que edifiquemos su autoestima. Eso les ahorrará mucho potencial perdido en la vida.

El gran legislador Moisés enseñó a los padres que transmitieran estatutos de sabiduría a sus hijos, diciendo: *"y las repetirás a tus hijos, y hablarás de ellas estando en tu casa, y andando por el camino, y al acostarte, y cuando te levantes".*[69] Enseñar a nuestros hijos porciones de sabiduría a lo largo del día nutrirá a la generación siguiente con los principios de una vida sabia. También podemos plantar semillas de sabiduría en las mentes de nuestros hijos antes de que se vayan a dormir, para que sus mentes puedan meditar en ellas en la noche. A veces permitimos que un programa de televisión vacío sea lo último que ven nuestros hijos antes de irse a la cama. En cambio, podemos leerles o hablar con ellos de algo útil y alentador que elevará su mente y su espíritu. Esas son maneras en que podemos tender un puente y bendecir a las generaciones con un legado de sabiduría.

---

69. Deuteronomio 6:7, énfasis añadido.

Use la sabiduría como un reloj de bolsillo

Transmitir sabiduría a nuestros hijos tiene que ser intencional, pero no siempre tiene que ser directo. Ellos captarán mucha sabiduría simplemente del modo en que vivimos nuestra vida. Conducirnos abiertamente según la sabiduría en presencia de ellos provee una invitación natural a que ellos busquen nuestra guía cuando tengan un problema o una pregunta específica. Y cuando ellos mismos pidan un consejo, puede que estén incluso más receptivos a recibirlo.

Los individuos verdaderamente sabios no imponen a nadie su sabiduría. En cambio, las personas por lo general tienen que pedírselo. ¿Ha observado alguna vez que los sabios eruditos no son personas muy sociables y ruidosas? Nunca están por ahí intentando presumir de lo que saben, porque la verdadera sabiduría llega con gran humildad; es pacífica, amable y humilde.

Igualmente, hay momentos en que deberíamos llevar nuestro conocimiento y sabiduría como si fueran un reloj de bolsillo. La mayoría de las personas ya no llevan relojes de bolsillo, pero hubo un tiempo en que un hombre bien vestido llevaba un traje de tres piezas con un bolsillo hecho especialmente en el chaleco, y diseñado para llevar un reloj circular unido a una cadena. Cuando quería saber qué hora era, sacaba el reloj del bolsillo, lo miraba, y lo volvía a meter allí. No mostraba el reloj todo el tiempo; lo único que generalmente se podía ver era la cadena que iba unida al reloj, y no el reloj.

Por lo tanto, use su sabiduría como un reloj de bolsillo en el sentido de que no necesita mostrarla todo el tiempo; sáquela para mostrarla a sus hijos, nietos, y otros familiares cuando le pregunten "la hora". Piense en lo cansado que es estar cerca de alguien que se comporta como si lo supiera todo. Por ejemplo, puede que usted mencione un hecho, y esa persona tiene que mencionar otros cinco o seis hechos porque quiere demostrar que sabe mucho más que las otras personas que están en la mesa. Evitemos ese síndrome cuando se trata de dispensar sabiduría. Si usted tiene la hora correcta (si ha obtenido sabiduría verdadera), inevitablemente alguien cerca de usted le preguntará qué hora es. Cuando se presente esa oportunidad, comparta lo que ha aprendido.

Desde luego, el enfoque del reloj de bolsillo no sustituye la enseñanza regular e intencional de sabiduría a nuestros hijos, pero sí nos da una pauta útil para utilizar discreción y el momento adecuado, y para obtener receptividad.

EL VALOR DE RECIBIR UN LEGADO DE SABIDURÍA DE UN PADRE O MADRE, ABUELO, TÍO, TÍA O FAMILIAR NO PUEDE MEDIRSE.

SABIDURÍA SOBRE LA VALÍA

Además de sabiduría sobre la vida, hemos de dejar a nuestros hijos y nietos una herencia de sabiduría sobre la valía. Esto significa enseñarles lo que es verdaderamente valioso en la vida. Lo más importante es que necesitan entender su importancia como seres humanos creados a imagen de Dios que han recibido un propósito inherente y un sueño; este es el fundamento para un sentido fuerte de autoestima.

Las personas que no conocen su valía puede que se desperdicien a sí mismos prácticamente por nada. Siempre que no entendemos la valía de algo que poseemos, lo descartaremos, descuidaremos, o lo entregaremos. Sin embargo, cuando conocemos el valor de lo que poseemos, lo atesoraremos y lo cuidaremos. Lo triste es que muchas personas no reconocen la valía de algo hasta que lo pierden. Pero cuando ayudamos a nuestros hijos a entender su valor intrínseco a temprana edad, pueden aprender a atesorarlo, obteniendo así un punto de apoyo firme para su vida.

Los adolescentes en especial necesitan tener un sentimiento de propósito para sus vidas. Son presionados por nuestra cultura para que se enfoquen en la superficialidad, y estén ocupados constantemente por formas de entretenimiento. Sin un legado de sabiduría, será fácil que caigan en vivir de manera irresponsable, incluso peligrosa. Pero si les han enseñado cuál es su verdadero valor mediante principios de sabiduría, pueden reconocer que tienen un llamado y dones únicos mediante los cuales pueden aportar algo grande y positivo al mundo.

SABIDURÍA SOBRE LA RIQUEZA

En tercer lugar, hemos de transmitir una herencia de riqueza, y la sabiduría que la acompaña. Nuestra riqueza material es la suma de dinero, propiedades, inversiones, y otros bienes que hemos acumulado, que bendice nuestra vida y las vidas de nuestros hijos y nuestros congéneres. Como hemos hablado, no construimos riqueza solamente con el propósito de disfrutarla nosotros solos. Nuestra meta real en la vida debería ser la de enriquecer, no solo ser ricos. Debiéramos decir: "Dios, ayúdame a enriquecer a otros con lo que tú me has dado". Pocas personas van a emocionarse por la riqueza que usted haya amasado en este mundo. Lo que emociona a las personas es el bien que usted ha hecho con lo que ha amasado.

Nunca deje riqueza a la generación siguiente sin dejarles también la sabiduría para entenderla y manejarla bien, porque, repito, la riqueza siempre tiene un propósito más allá: el mejoramiento de otros. Si quienes hereden riqueza no tienen la sabiduría para manejarla, el uso que hacen de ella será improductivo en el mejor de los casos, y desperdiciado o peligroso en el peor. Demasiadas personas están interesadas solamente en heredar dinero; por lo tanto, no prestan ninguna atención a la sabiduría que les permitiría manejar su dinero de la mejor manera. Si alguien no entiende el valor de su riqueza, probablemente la malgastará con mucha rapidez, de modo que nunca cumple su propósito de bendecir a otros. La usarán principalmente para permitirse sus propios deseos, comprando muchos bienes materiales para su propio uso, en lugar de canalizar gran parte de ella hacia empresas dignas. Además, desperdiciarán el medio mismo mediante el cual podrían producir riqueza adicional.

La mayoría de los padres y madres no toman el tiempo para hablar de principios financieros con sus hijos, que les ayudarían a aprender a ser mayordomos más efectivos de sus propios recursos y de los recursos que heredarán. Tenemos la responsabilidad de proveer esa información para que, en el futuro, nuestros hijos puedan tomar decisiones sabias para ellos mismos y sus familias. No asuma que sus hijos sabrán automáticamente cómo manejar sus finanzas. Necesitan saber cómo se maneja usted mismo tras bastidores. Tiene que enseñarles principios financieros con propósito y paciencia.

CONOCE EL CAMINO, RECORRE EL CAMINO, Y MUESTRA EL CAMINO

Para crear un legado en cada una de estas áreas (sabiduría sobre la vida, sabiduría sobre la valía, y sabiduría sobre la riqueza) es necesario completar las tres etapas de seguir la sabiduría: la persona que es sabia *conoce el camino*, *recorre el camino*, y entonces *muestra el camino* a otros. Algunas personas conocen el camino, pero nunca recorren el camino. Otras conocen el camino y recorren el camino, pero nunca muestran el camino a nadie. Las mujeres y los hombres verdaderamente sabios no permiten que el camino que han encontrado termine con ellos; tras encontrar su camino cruzando una puerta, enseñan a otros cómo entrar también, y hacer lo que ellos están haciendo.

En muchas áreas diferentes, mi madre y mi padre completaron las tres etapas de la sabiduría: conociendo el camino, recorriendo el camino, y después mostrando el camino a sus hijos. Hoy día, yo me mantengo en la fuerza de los estándares y principios que los sostuvieron a ellos en sus propias vidas, mostrándoles cómo vivir bien y mantenerse firmes bajo todas las condiciones. Por ejemplo, ellos demostraron cómo sobrevivir a las tormentas de la vida, de modo que cuando yo era pequeño, estaba siendo fortalecido para soportar las tormentas que un día enfrentaría. Por eso, en la actualidad no me acobardo ni me rindo cuando las cosas se ponen difíciles, pues he sido preparado para manejar las turbulencias. Aprecio a las personas que atraviesan tormentas como dificultades económicas, enfermedad, o retos en los negocios, y son capaces de decir: "Puedo manejar esto. Estoy hecho para la tormenta".

Necesitamos más personas que estén comprometidas a conocer el camino, recorrer el camino, y mostrar el camino de la sabiduría: aprendiendo, aplicando y compartiendo sabiduría con otros. Solo recuerde: no podemos dirigir donde nosotros no vamos, y no podemos enseñar lo que no conocemos. Comenzamos nuestro legado de sabiduría practicando nosotros mismos la sabiduría.

MENTORÍA Y FORMACIÓN

Podemos ofrecer principios de sabiduría y perspectivas sabias en muchos contextos diferentes, desde conversaciones casuales hasta conferencias en el lugar de trabajo y reuniones en el consejo municipal. Pero otra manera importante en que podemos dejar un legado fuerte es entrando a propósito en una relación de mentoría con un individuo o individuos concretos, ya sea en el ámbito del trabajo, la iglesia, el voluntariado, o en otra área, para transmitir lo que hemos aprendido y obtenido. Muchos de nosotros podemos mantenernos fuertes hoy debido al apoyo de otros que han sido nuestros mentores, ya sea de manera formal o informal. Nosotros podemos hacer lo mismo por otros.

ACÉRQUESE A ALGUIEN

Si han pasado solo cinco, diez o quince años desde que se graduó de la secundaria o de la universidad, probablemente recordará con claridad el sentimiento de comenzar por primera vez en la vida, y tener que aprender esas primeras lecciones sobre trabajo, responsabilidad y relaciones. Si ha seguido una vocación durante el periodo de treinta o cuarenta años, sabe bien lo que es tener que perseverar y ajustarse a los tiempos cambiantes. En cualquier etapa de la vida en que esté, le aliento a acercarse como un mentor o un amigo, y proporcionar principios de sabiduría para ayudar a alguien que acabe de comenzar o que esté en medio de los retos de la vida.

Recuerde: usted podría ser capaz de impresionar a las personas desde la distancia, pero solamente puede encenderlos e impactarlos de cerca. No está llamado a ayudar a todo el mundo, pero habrá personas específicas a lo largo de su viaje de sabiduría que se beneficiarán particularmente de que usted sea su mentor. Escoja a esas personas intencionalmente y cuidadosamente, porque la mentoría es una inversión especial de su tiempo y energía. Sin embargo, los resultados serán significativos, y la inversión valdrá la pena.

Podría decidir ser mentor de alguien basándose en su empatía con esa persona, porque está pasando por momentos difíciles que son parecidos a lo que usted mismo ha experimentado en el pasado; su corazón se identifica con él o ella, y quiere ayudarle a avanzar en la vida. O podría decidir ser mentor de un colega más joven en su campo o su lugar de trabajo. O alguien puede acudir a usted para pedirle dirección e instrucción regularmente. Cuando es mentor de alguien, ya sea de manera formal o informal, general o especializada, debe haber un acuerdo mutuo para que pueda ser una relación aprobada y en desarrollo. A veces, las relaciones de mentoría pueden

212 Principios y Poder de la Sabiduría

profundizar hasta el punto de que los participantes llegan a sentirse como familia, como si estuvieran conectados mediante un ADN similar.

USTED PODRÍA SER CAPAZ DE IMPRESIONAR A LAS PERSONAS DESDE LA DISTANCIA, PERO SOLAMENTE PUEDE ENCENDERLOS E IMPACTARLOS DE CERCA.

UN PATRÓN PARA LA MENTORÍA

Jesús modeló cuatro elementos principales de mentoría cuando formó a sus doce discípulos más cercanos, dándonos un claro patrón para desarrollar nuestras propias relaciones de mentoría (este patrón también se aplica a transmitir un legado de sabiduría a sus hijos y nietos):

1. *Enseñanza*. Jesús enseñó a sus discípulos sabiduría fundamental sobre la cual edificar una vida fuerte y sabia.

2. *Ilustración*. También podríamos llamar a este elemento *demostración*. Jesús no solo enseñó a sus discípulos, sino también demostró personalmente lo que enseñaba. Recuerde: quiénes somos habla a menudo más alto que lo que decimos. Por lo general, lo que demostramos y modelamos para las personas es lo que ellos "oirán" con más claridad. La persona sabia no se limita a decir a quien está pasando por un reto: "*Adelante*, puedes hacerlo". La persona sabia dice: "*Ponte a mi lado*. Yo he estado ahí, y sé qué hacer. Tan solo sigue mis huellas".

3. *Implicación*. Jesús dio a los discípulos la oportunidad de poner en práctica ellos mismos lo que estaban aprendiendo para así poder obtener experiencia. Esto es mentoría mediante oportunidades prácticas.

4. *Interiorización*. Jesús alentó a los discípulos a ir a un nivel más alto de comprensión y madurez, al permitir que la enseñanza llegara a ser parte de quienes ellos eran. Como hemos visto, debemos in-

teriorizar algo antes de poder manifestarlo. Y nos desarrollamos hacia quienes somos mediante un proceso.

Cuando usted mentorea y enseña a otros con principios de sabiduría, puede producir muchos resultados positivos en las vidas de esas personas, y también en las vidas de otros que estén en su esfera de influencia. Por ejemplo, yo enseñé a mil líderes en África mediante seis sesiones tituladas "Entrenar al entrenador". Cada participante tenía que estar de acuerdo en enseñar a otros veinticinco líderes como requisito para asistir a las sesiones, que se realizaron durante un periodo de tiempo. Así, desde esos mil líderes fueron entrenados otros veinticinco mil individuos, y recibieron libritos para que pudieran entrenar ellos mismos a otras personas.

Ese entrenamiento no fue algo que me pagaron por hacer; lo hice como una inversión en las vidas de otros, y mi corazón fue tocado al ver cuántos individuos fueron impactados. Un caballero de unos sesenta años me dijo: "Tengo educación de sexto grado. El entrenamiento que usted me ha dado aquí como líder es el único entrenamiento formal que he tenido". Y entonces añadió: "Lo estoy tomando y enseñándolo a otros doscientos cincuenta hombres". Ese hombre entendió que estaba recibiendo enseñanza, no solo para poder aprender él mismo, sino también para poder enseñar a otros lo que él había aprendido. Y así es como funciona la mentoría. Aquellos a quienes enseñamos pueden impactar muchas más vidas cuando se convierten ellos mismos en mentores y maestros.

Nunca permita que la sabiduría que ha obtenido mediante este libro o cualquier otra fuente se detenga en usted. Compártala con otros. Dígales, en efecto: "Lo que yo he hecho por usted, hágalo usted por otra persona. Yo le estoy dando principios de sabiduría para que usted pueda plantar semillas de sabiduría en la vida de otra persona".

Una vez más: todo gran legado comienza con una persona. ¿Cuál será su legado de sabiduría?

BENEFICIOS DE UNA VIDA CON SABIDURÍA

+ Cuando transmitimos nuestra sabiduría a generaciones posteriores, puede convertirse en una bendición asombrosa para la perpetuidad como una guía, un guarda y un calibre.

+ Enseñar a nuestros hijos porciones de sabiduría a lo largo del día y antes de que se vayan a dormir en la noche alimentará a la siguiente generación con los principios de una vida sabia.

+ Conducir nuestra vida abiertamente según la sabiduría en presencia de nuestros hijos proporciona una invitación natural a que ellos busquen nuestra guía y consejo.

+ Cuando enseñamos principios de sabiduría y somos mentores de otros, puede dar muchos resultados positivos en sus vidas y en las vidas de otros en su esfera de influencia cuando ellos mismos se convierten en mentores y maestros.

APLICAR LA SABIDURÍA

1. Piense en las implicaciones de la afirmación: "La vida que vivimos es el legado que dejamos". Escriba cuál cree que es su legado en este momento de su vida. Después haga un plan concreto para construir un fuerte legado de sabiduría mientras avanza en su propósito y sus metas en la vida.

2. ¿De qué maneras podría enseñar más eficazmente a sus hijos o nietos sabiduría sobre la vida, sabiduría sobre la valía (valores), y sabiduría sobre la riqueza?

3. ¿Es en la actualidad mentor de alguien? Si es así, repase e incluya en su mentoría el patrón para la mentoría bosquejado en este capítulo.

4. Si actualmente no está en una relación de mentoría, considere con atención e intención a quién podría acercarse para establecer tal relación, y desarrolle un plan claro sobre cómo lo emprenderá.

SIGA BUSCANDO LA SABIDURÍA

*"Vale más la sabiduría que las piedras preciosas,
y ni lo más deseable se le compara"*.[70]

La vida con sabiduría es una búsqueda continuada. Repito que la sabiduría es un viaje, no un destino. Nunca deberíamos dejar de aprender sabiduría, sino en cambio seguir reuniéndola para así poder aumentar nuestro éxito en la vida y utilizarlo para el beneficio de otros.

A continuación hay algunas pautas y recordatorios para seguir buscando principios de sabiduría. Están basados en instrucciones que recibió Salomón de su padre, el rey David, sobre obtener sabiduría y mantenerla como lo primero en la vida.[71]

1. Busque sabiduría. Cuando buscamos sabiduría, no es una búsqueda casual, como ir a mirar tiendas o navegar ociosamente por la Internet. Es una búsqueda dedicada. Pensemos en la sabiduría como oro o diamantes, como algo de gran valor a lo que vale la pena dedicar esfuerzo para obtenerlo. No encontramos oro o diamantes por ahí esperando a que los encontremos. Tenemos que cavar para obtenerlos, explorar para obtenerlos. Si yo le garantizara que había un tesoro escondido en el patio de su casa, probablemente usted cavaría cada centímetro de tierra, si fuera necesario,

70. Proverbios 8:11 (NVI).
71. Véase Proverbios 2:1-11.

216 Principios y Poder de la Sabiduría

para encontrarlo, aunque acabara de embellecerlo con un jardín. Y la sabiduría es mucho más importante para nosotros que ningún tesoro material. Muchas personas están rodeadas de recursos que pueden proveerles la sabiduría que necesitan en la vida, pero nunca los ven porque no los buscan activamente. Tenemos que estar siempre alerta para aprender sabiduría que pueda mejorar nuestras vidas.

2. *Sintonice con la sabiduría*. Podemos entrenarnos a nosotros mismos para sintonizar con las abundantes fuentes de sabiduría que están a nuestra disposición en la vida. (Véase la sección que sigue inmediatamente a esta, titulada "Utilice Todos los Recursos de la Sabiduría"). Sintonizar nuestro oído con la sabiduría también nos permite enfocarnos en lo que es positivo, y nos edificará en lugar de hacerlo en lo que es negativo y nos derribará. Por ejemplo, es difícil recibir sabiduría y vivir en consonancia si estamos sintonizados con personas que siempre se quejan por las circunstancias o critican a otras personas. A la desgracia le encanta la compañía, y muchas personas buscan compañeros para que les acompañen en su negatividad. En cambio, sintonice con los sonidos positivos y constructivos de la sabiduría.

3. *Reciba sabiduría*. No permita que la sabiduría que escucha le entre por un oído y salga por el otro, o pase por alto la sabiduría que ve que otras personas demuestran, o se olvide de la sabiduría que ha aprendido mediante la experiencia personal. Recíbala en su vida. No puede hacer nada con algo que primero no haya aceptado para usted mismo.

4. *Siga atesorando sabiduría*. Si no seguimos atesorando la sabiduría que recibimos, no estaremos inclinados a considerar sus implicaciones para nuestra vida, y no la retendremos por mucho tiempo. Seremos como la persona que hace una venta en un mercadillo y pone una etiqueta de dos dólares a una antigüedad valiosa o a un cuadro de un artista famoso que encontró en su ático, porque no reconoció su valor. Un comprador o un experto que discierne y que visita regularmente los mercadillos detectaría un tesoro así en el momento, lo compraría, y poseería inmediatamente un bien muy valioso. Tratemos la sabiduría como el bien muy valioso que es, incluso si otros que nos rodean no reconocen su valor.

5. *Aplique la sabiduría*. La aplicación es la evidencia del aprendizaje. Tenemos que poner en práctica la sabiduría que encontramos, recibimos

y atesoramos. Algunas personas pueden encontrar sabiduría, y nunca ser cambiadas por ella. Podrían oír precisamente lo que necesitan para abordar un asunto o problema en su vida, pero no lo escuchan; o si lo escuchan, nunca lo implementan. Como escribí al principio de este libro, si no toma el tiempo para aplicar la sabiduría a su vida, entonces la sabiduría realmente no le hace ningún bien, y no obtendrá ninguno de sus beneficios.

6. *Haga preguntas para obtener discernimiento y entendimiento.* No tiene que esperar a estar metido profundamente en un proyecto, una búsqueda o una relación para buscar principios de sabiduría que puedan guiarle en relación con ello. Evite meterse en nada sin antes pensarlo bien, y buscar buenos consejos. Cuando aplica el buen juicio desde el principio, se ahorrará mucho sufrimiento, problemas y fracasos. Si está enfrentando un problema, hable con quienes puedan ayudarle a abordarlo. Además, si está teniendo dificultad para entender o aplicar un principio de sabiduría en particular, no se limite a seguir preguntándose al respecto, sino busque más aclaraciones y ayuda para así poder ponerlo en práctica. Hable con un mentor, colega o amigo. No sabrá si no pregunta; y no avanzará si no pregunta a quienes tienen más sabiduría y experiencia que usted.

7. *Transmita sabiduría.* Comparta los principios de sabiduría que ha encontrado, con los que ha sintonizado, que ha recibido, atesorado, aplicado, y que ha entendido con mayor profundidad. Como dijimos en el capítulo 16, "La Sabiduría Deja un Legado", construya una herencia de bienes de sabiduría que pueda transmitir a otros, ahora y para la posteridad.

UTILICE TODAS LAS FUENTES DE SABIDURÍA

"Donde no hay dirección sabia, caerá el pueblo;
Mas en la multitud de consejeros hay seguridad".[72]

Lo siguiente es un repaso de algunas de las fuentes de sabiduría más significativas a las que podemos acudir, a medida que seguimos buscando una vida con sabiduría. Juntas, se convierten en *"multitud de consejeros"* para una vida sabia.

NUESTRAS EXPERIENCIAS PERSONALES

Una manera en que podemos aprender sabiduría es mediante nuestras experiencias personales: con otras personas, y con los acontecimientos de la vida. Podría tomar la forma de una experiencia agradable o satisfactoria en la que aprendemos que adoptar cierta actitud o participar en cierta práctica produce un resultado positivo, o podría tomar la forma de una experiencia insatisfactoria o incómoda en la que descubrimos que adoptar cierta actitud o participar en cierta práctica produce un resultado negativo. Muchas veces, aprendemos la manera correcta de hacer algo haciéndolo de la manera equivocada la primera vez.

---

72. Proverbios 11:14.

Recuerde: mientras aprendamos algo de una experiencia negativa, no fue en vano. La experiencia, por sí sola, no produce sabiduría. Algunas personas cometen los mismos errores una y otra vez y nunca se benefician de ellos al entender lo que hicieron mal y corregirlo. Pero si podemos aprender algo de una experiencia negativa (por incómoda que pudiera ser), puede ser una fuente muy valiosa para obtener sabiduría.

LOS CAMINOS Y EXPERIENCIAS DE OTROS

Obtenemos sabiduría observando o estudiando los caminos de otras personas: quienes vivieron en el pasado y también quienes viven en el presente, pero especialmente con quienes nos encontramos y nos relacionamos regularmente. Podemos aprender tanto de sus éxitos como de sus fracasos. Un enfoque es examinar los caminos de quienes ya han logrado lo que nosotros queremos, haciéndonos preguntas como las siguientes: "¿Qué actitudes muestra esta persona mientras sigue su vocación?", o "¿Cuáles son los hábitos de trabajo de este individuo?". Si las actitudes y los hábitos reflejan una vida sabia y logran buenos resultados, entonces deberían ser aprendidos y seguidos.

CONVICCIONES Y NORMAS PERSONALES

En el libro *El Poder del Carácter en el Liderazgo*, Myles Munroe escribió: "*Valores, ética y principios… son las normas que un líder establece para sí mismo, y según las cuales vive, en el proceso de ejercitar su potencial y capacidad para el logro de su visión*".[73] A medida que descubrimos e interiorizamos principios de sabiduría, desarrollamos normas y convicciones para nuestra vida que deberíamos revisar constantemente como una fuente de guía y evaluación.

CORRECCIÓN, ENSEÑANZA, Y CRÍTICA CONSTRUCTIVA DE PARTE DE OTROS

La corrección puede que no siempre sea el camino más bienvenido para recibir sabiduría, pero es esencial. De hecho, recibir una disciplina amorosa por parte de padres, madres u otros adultos es con frecuencia la

---

73. Myles Munroe, *The Power of Character in Leadership* (New Kensington, PA: Whitaker House, 2014), p. 37. Énfasis en el original.

primera manera en que las personas encuentran sabiduría en sus vidas en la infancia.

Al aceptar útil enseñanza, guía y crítica constructiva de parte de otras personas (incluidos mentores, patrones, maestros y amigos), aprendemos a entender y absorber sabiduría. Si queremos hacer uso de este recurso particular para la sabiduría, necesitaremos desarrollar la cualidad de ser enseñables y estar dispuestos a escuchar la corrección cuando sea merecida. Muchas personas pierden beneficios de la sabiduría porque nunca quieren oír que han hecho mal algo, o reconocer que otra persona podría tener algo que enseñarles.

NUESTRA CONCIENCIA

Puede que sintamos convicción en nuestra conciencia de que algo es correcto y equivocado, sabio y poco sabio; que deberíamos hacer o decir algo, o no hacer o decir algo. Esta forma de guía y dirección interna puede reforzar el camino de la sabiduría para nosotros, y alentarnos a seguirlo.

Deberíamos reconocer, sin embargo, que la conciencia no siempre es infalible. Podríamos sentirnos perfectamente justificados en seguir un camino que no es correcto para nosotros si, por ejemplo, confiamos demasiado o nos sentimos ofendidos por alguien que nos ha ofendido. Por eso es tan importante desarrollar convicciones y normas personales que puedan guiarnos de la mejor manera para responder a una situación, sin considerar cuáles sean nuestras fluctuantes emociones o motivaciones.

EL CONSEJO DE OTROS

Otra valiosa fuente de sabiduría, y a menudo una salvaguarda para nuestra vida, es el consejo de personas en quienes confiamos y a quienes respetamos. Como dice la cita al principio de esta sección: *"Donde no hay dirección sabia, caerá el pueblo; mas en la multitud de consejeros hay seguridad"*.

Deberíamos buscar buenos consejos de otros, oír lo que tengan que decir, y considerarlo con atención. El consejo beneficioso puede llegar de familiares, amigos, o compañeros de trabajo; de profesionales en varios campos; de las enseñanzas de autores y expertos en libros o en medios electrónicos; y también de otras fuentes.

Es importante que no aceptemos el consejo de todo el mundo, sino en cambio evaluemos a las personas a las que estamos considerando acudir en busca de sabiduría. Podemos consultar lo que han dicho y hecho anteriormente para ayudar a decidir si son fiables. Entonces, después de escucharlos, deberíamos sopesar sus consejos. Además, no hay una sola persona que tenga todas las respuestas a todos nuestros requisitos de sabiduría. Deberíamos consultar varias fuentes, especialmente en asuntos graves.

MENTORÍA, APRENDIZAJE, Y OTRAS ASOCIACIONES

Fuentes adicionales para obtener sabiduría son la mentoría, el aprendizaje, y otras asociaciones; pueden estar en el ámbito profesional, voluntario, religioso o comunitario, o en otra área. Quizá haya alguien en su línea de negocio que haya adquirido sabiduría a la que usted le gustaría recurrir. Podría invitar un día a almorzar a esa persona, pidiéndole que le dé consejos y dirección para ayudarle a crecer en su campo.

En una mentoría o un aprendizaje, se sitúa a propósito al lado de alguien que tenga experiencia, sabiduría, habilidad o conocimiento en un área en la que usted quiere aprender más o desarrollar en su propia vida. Quizá haya alguien en una ocupación que a usted le interese seguir y con quien podría organizar un aprendizaje, ya sea formal o informal, para tener acceso regular a su conocimiento, métodos y consejo.

Cuando trabajamos junto a otra persona durante un periodo de tiempo, eso nos permite absorber de ella conocimiento y sabiduría.

EL MUNDO NATURAL

Otra fuente de sabiduría, que muchas personas pasan por alto, es el mundo natural que nos rodea, que está por encima y por debajo de nosotros. Es famoso el discurso de Salomón sobre la sabiduría que podríamos obtener estudiando a las hormigas, que muestran características como diligencia y planificación para el futuro.[74] Hay muchas cosas de las que podemos aprender observando los patrones de la naturaleza. El ciclo anual de las estaciones naturales nos enseña a esperar periodos de nacimiento, crecimiento, inactividad, y reactivación en el avance de nuestros sueños y en los ciclos de nuestras vidas. Incluso el sencillo acto de ocuparnos de una planta

74. Véase Proverbios 6:6-8; 30:25.

en casa puede darnos una lección objetiva sobre la necesidad de alimentación continuada y paciencia durante las diversas etapas de crecimiento mientras estamos trabajando para desarrollar mente, cuerpo y espíritu.

INSPIRACIÓN

He conocido a personas, incluido yo mismo, que han recibido sabiduría que no habrían obtenido de otra manera excepto por conectar con la sabiduría de Dios mediante la inspiración. La sabiduría llega a veces como una perspectiva o un entendimiento repentinos cuando no sabemos qué hacer en una situación.

Todos tenemos ocasiones en que no tenemos respuesta con respecto a algo para lo que necesitamos sabiduría. En tales ocasiones, yo me apoyo especialmente en la oración y digo: "Dios, necesito tu ayuda con esto". El escritor Santiago, del Nuevo Testamento, aconsejaba: "*Y si alguno de vosotros tiene falta de sabiduría, pídala a Dios, el cual da a todos abundantemente y sin reproche, y le será dada*".[75] Yo he recibido muchas respuestas a mis oraciones. Además, una de las principales fuentes de sabiduría en mi vida ha sido la Biblia. Pablo escribió: "*en quien están escondidos todos los tesoros de la sabiduría y del conocimiento*".[76]

En última instancia, creo que toda sabiduría viene del Creador, aunque con frecuencia llega mediante "mensajeros" humanos en lugar de hacerlo directamente. Creo que Dios usa frecuentemente a personas como respuestas a nuestras oraciones. Él nos da sabiduría mediante diversas fuentes, pero Él es el Dador.

75. Santiago 1:5.
76. Colosenses 2:3.

ACERCA DEL AUTOR

El Dr. Dale C. Bronner es una autoridad en el tema de la sabiduría, un maximizador de la vida, constructor de legado, y orador inspiracional. Equipa los líderes con principios probados en el tiempo que se pueden aplicar al desarrollo personal y profesional.

El Dr. Bronner es miembro de la junta de directores de la organización de John C. Maxwell, EQUIP Leadership, Inc. Sirve además en la junta de directores y es co-propietario de Bronner Brothers Manufacturing Company, Inc., una empresa multimillonaria familiar que ha estado en el negocio del cuidado del cabello durante más de sesenta años.

Durante cuatro décadas, el Dr. Bronner ha estudiado, probado y aplicado los principios de la sabiduría. Con las introspectivas que ha recogido abordando las exigencias y las oportunidades del liderazgo, ha ayudado a miles a aprender cómo desarrollar su máximo potencial. Líder de líderes, es el autor de nueve libros, entre ellos, *Cambie Su Trayectoria*.

El Dr. Bronner reside en Atlanta, Georgia, donde dirige Word of Faith Family Worship Cathedral, un ministerio interdenominacional floreciente con más de 20.000 miembros. Es, además, obispo de una red de más de 16.000 iglesias. Su difusión multimediática internacional diaria alcanza a millones de personas.

Él, y su esposa, Nina, son los padres de cuatro hijas y un hijo, y los abuelos de dos nietas y dos nietos.

www.DaleBronner.com/
Facebook.com/Bishop-Dale-C-Bronner/
Twitter @BishopBronner